Jörg Magenau

Princeton 66

Die abenteuerliche Reise der Gruppe 47

Klett-Cotta

Klett-Cotta
www.klett-cotta.de
© 2016 by J. G. Cotta'sche Buchhandlung
Nachfolger GmbH, gegr. 1659, Stuttgart
Alle Rechte vorbehalten
Printed in Germany
Umschlag: Rothfos & Gabler, Hamburg
Unter Verwendung eines Fotos von © Renate von Mangoldt
Gesetzt von r&p digitale medien, Echterdingen
Gedruckt und gebunden von CPI – Clausen & Bosse, Leck
ISBN 978-3-608-94902-5

Zweite Auflage, 2016

Bibliografische Information der Deutschen Nationalbibliothek
Die Deutsche Nationalbibliothek verzeichnet diese Publikation
in der Deutschen Nationalbibliografie; detaillierte bibliografische
Daten sind im Internet über http://dnb.d-nb.de abrufbar.

Günter Grass

SECHSUNDSECHZIG

In diesem Eidechsenjahr –
  wirklich, auf sonnigem Putz
    atmeten viele verspielt …

In diesem Jahr unterwegs –
  was mich beschleunigt, wächst,
    gibt Zeichen, hat überholt …

In diesem Jahr kinderleicht –
  Jahr, das befürchten lässt: Schrott …

In diesem kosmischen Jahr –
  fortschreitend witzlos verläuft …

In diesem Jahr auf ein Jahr –
  Jahr ohne Gag Richtung Mond …

In diesem Bilderschirmjahr –
  Eckbälle wurden verschossen,
    Schreckschüsse saßen im Tor …

Im sechsundsechzigsten Jahr
  tobte im Kies, zu Füßen der Mauer:
    ein unwiderrufner Befehl,
      bewegter Protest,
        ledige Wut:
          zwei Eidechsenschwänze.

1

Als es endlich losging, lehnte Hans Werner Richter sich erleichtert zurück. Seine Begrüßungsansprache war wie immer knapp ausgefallen und also kaum bemerkt worden, dann die umständliche Zettelsucherei, für die er berühmt war – wo verkramte er bloß immer seine Notizen? –, und schließlich, nachdem er Rat suchend im Saal herumgeschaut hatte, die wortkarge Ankündigung, die auch schon zum Ritual geworden war: Es liest, Moment, gleich hab ich's, ja, richtig, Walter Jens. Der stieg mit forschem Schritt als erster die Stufe zum Podium hinauf, ein wenig überrascht, so wie ein Hollywood-Schauspieler bei der Oscar-Verleihung überrascht tut, als hätte er damit nun wirklich nicht rechnen können, hielt das zum Zepter gerollte Manuskript aber trotzdem bereits in der Hand und ließ sich vom Saal aus gesehen links des niedrigen Tischchens – Richter saß rechts davon – auf dem Sessel nieder, der intern »elektrischer Stuhl« genannt wurde. Diese frohsinnige Bezeichnung mochte manchem Delinquenten zum Spannungsaufbau dienen; andere durchlitten lustvoll das grausame Ritual ihrer Vernichtung, denn darin besteht das Risiko für alle, die schreiben: Sie wissen es, sie kennen es, und hier setzten sie sich ihm buchstäblich aus. Mit seinen fein geschwungenen und dick gepolsterten Armlehnen, der weich bespannten Sitzfläche, der ornamental umschnörkelten Rückenpolsterung und den allerdings etwas klobig geratenen Beinen wirkte der elektrische Stuhl jedoch eher wie ein Thron, so dass die, die lesend darauf Platz nahmen, sich in Könige verwandelten, wenn sie nur wollten – und wenn es der literarische Fürstenhof ihnen gestattete.

Jens war immer noch so hager, wie sie bei ihrem ersten Treffen im September 1947 alle gewesen waren, als sie in ihren viel zu groß gewordenen Vorkriegsanzügen wie eingeschrumpft wirkten. Wenn das der Effekt der Geschichte gewesen war, dann galt es seither, wieder zuzusetzen und zuzulegen, und das taten sie mit Worten, mit Sprache, mit Lesen und Zuhören, da waren sie unersättlich. Jens strich das widerborstige Haar zurück, das aber gleich wieder in Strähnen nach vorne fiel, entrollte die Papiere, fuchtelte mit seinen Scherenhänden herum, mit denen er die Worte in der Luft zerteilen konnte, sprach kurzatmig und genauso zerstückelt wie er gestikulierte – »Ich lese. Einige kürzere. Passagen. Aus einem Stück« –, so dass die Zuhörer die entstandenen Wortfetzen im eigenen Kopf zusammenfügen und aufpassen mussten, dass sie am Ende des Satzes den Anfang nicht schon vergessen hatten. Dieses syntaktische Geschredder hatte seinen Grund darin, dass Jens Asthmatiker war, doch zugleich handelte es sich um einen rhetorischen Trick, mit dem er das Publikum an der kurzen Wortleine führte. Statt einfach loszulegen, erläuterte er erst einmal die verschiedenen Ebenen seines Dramas, das noch nicht fertig sei, es gehe darin (Atempause) um den Revisionsprozess (Atempause) gegen die Mörder von Rosa Luxemburg. Das war strenggenommen regelwidrig, nicht das Drama, nicht die Luxemburg-Geschichte, nicht die Häckselei, sondern die vorausgeschickte Erklärung. Autoren sollten lesen, und ansonsten sollten sie schweigen.

So lautete Paragraf zwei des ungeschriebenen Gesetzbuches, das sich gerade aufgrund seiner Ungeschriebenheit allgemeiner Geltung erfreute, denn auch Paragraf eins besaß, ohne je schriftlich festgehalten worden zu sein, unumstrittene Gültigkeit, dass nämlich kein anderer als Hans Werner Richter, er allein und ohne irgendjemandem eine Erklärung schuldig zu sein, darüber bestimmte, wer dabei ist, wer liest und ob und wann und wo das nächste Treffen stattfindet. Er feierte jedes Jahr ein Fest und lud sich die Gäste ein, die er dabeihaben wollte. Seine Postkarten waren so knapp wie präzise: Die Gruppe 47 tagt von bis, da und dort, ich lade Sie ein, falls Sie lesen wollen, geben Sie Bescheid, herzliche Grüße. Wenn er eines Tages keine Postkarten mehr verschickte, würde die Gruppe aufhören zu existieren. Er war das Gesetz. Richter richtete. Er allein konnte sich seiner Mitgliedschaft sicher sein. Er entschied über Sein oder Nichtsein der Gruppe und über Zugehörigkeit und Nichtzugehörigkeit jedes Einzelnen, sei es, dass er gezielt einzelne Leute vergaß oder behauptete, ihre Adresse verlegt zu haben. Nicht jeden, den er einmal einlud, lud er wieder ein. Es gab kein Gewohnheitsrecht oder vielmehr: nur für manche, die Unverzichtbaren, die alten Freunde. Sein Elend bestand jedoch darin, dass es immer viel mehr waren, die er nicht einlud, als die, die eine Einladung erhielten, so dass er neben Dankbarkeit und Freundschaft unvermeidlich auch Neid, Gekränktheit, Missgunst produzierte. Nicht jeder ließ sich einfach abschütteln oder übersehen. Wolfgang Bächler zum Beispiel konnte nicht verbergen, wie beleidigt er war, als er, verbunden mit dem Hinweis, noch keine Einladung erhalten zu haben, seine Adresse schickte, nur damit Richter nicht die Ausrede habe, die Adresse nicht zu kennen. In seinem recht langen Brief versprach er, sich kurz zu fassen, damit Richter nicht sagen könne, der Brief sei zu lang, als dass ein mit so vielen Partys viel beschäftigter Mann ihn lesen könne oder zu unleserlich, um ihn zu entziffern. Eingeladen wurde Bächler aber trotzdem nicht.

Herbergsvater nannten sie ihn oder Spiritus Rector. Richter ließ sich gerne so nennen. Er war der aufgeklärte Despot, wie ihn sich auch Demokraten insgeheim wünschen, ein Mann mit buschigen Augenbrauen, nicht konservativ gekleidet, aber auch nicht sportlich, nicht unbedingt dick, aber auch nicht dünn, vielleicht ein wenig schlicht, aber von in sich ruhender Art und ausgestattet mit einer schwer zu erklärenden Autorität, so dass er nur ein paar Mal in die Hände klatschen musste, und schon kamen alle in den Saal und setzen sich, und wenn er um Ruhe bat, dann war auch Ruhe. Er war ungefähr das, was Sepp Herberger für die Fußball-Nationalmannschaft gewesen war. Aber der war 1964, nach der ersten Saison der neuen Bundesliga, zurückgetreten und durch Helmut

Schön abgelöst worden. Die Wirtschaftswunder-Wiederaufbau-Ära ging zu Ende, doch für Richter gab es keinen Nachfolger. Richter sei, so Hans Mayer, das exakte Gegenteil eines Stefan George, der ja ebenfalls einen Kreis um sich geschart hatte. Doch Richter tat das nicht als anzubetender Dichterfürst und nicht als Genie, er war kein Zentralgestirn, um das die Jünger kreisten, und statt des hohen Tons kultivierte er pragmatische Nüchternheit.

Fünf Monate waren verstrichen, seit er am 27. November 1965 in die USA gekabelt hatte, dass er die Einladung der Gruppe 47 nach Princeton annehme. Damit hatten die Schwierigkeiten begonnen, oder vielmehr: Ab da wurden sie öffentlich, denn schon in den Monaten zuvor hatte es ein unerträgliches Hin und Her gegeben, Bedenken aus allen Richtungen, vor allem aber deshalb, ob Einmischungen von Bonn und Washington auszuschließen wären und die Reise, wenn man sich denn dafür entscheide, ohne offiziellen Anstrich über die Bühne gehen könnte. Sicherheitshalber, um sich nicht gleich auf eine der Weltmächte festzulegen, hatte er die Alternative Moskau ins Spiel gebracht, aber nur, um sie rasch wieder zu verwerfen. Inzwischen war Richter es leid, reihum als Fußabtreter benutzt zu werden, falscher Ort, falsches Land, falscher Termin, falsche Teilnehmer, und überhaupt und grundsätzlich diese Auslandssache als Gegenstand fortgesetzter Querelen. Dabei verschaffte er all diesen Unzufriedenen und notorischen Nörglern doch die Plattform, nach der sie gierten. Alles stammte von

Hörte überhaupt jemand zu? Walter Jens, der Wortzerteiler
aus Tübingen, als Erster auf dem elektrischen Stuhl.

ihm: Konzeption und Methode, Spielregeln und Name.
Und auch wenn er den Begriff »Gruppe 47« nicht selbst
erfunden hatte – der stammte von dem früh verstorbe-
nen Hamburger Sartre-Übersetzer Hans Georg Brenner –, so hatte er ihn immerhin gutgeheißen. Dankbarkeit zu erwarten, hatte er schon lange aufgegeben,
obwohl er seine eigene Schriftstellerexistenz Jahr für
Jahr zurückstellte. Wenn er, wie im Vorjahr, Satiren mit

dem schönen Titel *Menschen in freundlicher Umgebung* vorlegte, dann schrieb darüber kein Mensch. Die Gruppe galt als sein Hauptwerk, ihn selbst nahmen sie bloß als freundliche Umgebung, als freundlichen Menschen wahr.

Einen Bienenschwarm einzufangen war nichts gegen die Aufgabe, achtzig deutsche Schriftsteller unter einen Hut zu bringen, und sei es nur für drei Tage. Das musste schon deshalb misslingen, weil jeder von ihnen seinen eigenen, extravaganten Hut aufhaben wollte. Der Deutsch-Schwede Peter Weiss hatte auf die Amerika-Pläne in dem ihm eigenen dramatischen Tonfall reagiert und die »politische Tragweite« der Entscheidung unterstrichen. Die Einladung sei nur akzeptabel, wenn sie direkt und ausschließlich von der Universität komme, hatte Weiss geschrieben, die Tagung müsse unter Ausschluss der Presse stattfinden, und vor allem sollten die Teilnehmer ernsthafte »Beziehungen zu denjenigen Kräften an der Universität aufnehmen« – genau so hatte er sich ausgedrückt –, die sich gegen die amerikanische Vietnampolitik richteten. Und, nicht zu vergessen, die Teilnahme von Autoren aus der DDR sei in diesem Fall ganz besonders wichtig. Weiss' Briefe lasen sich manchmal wie Parteiprogramme.

Jens hatte zwar zu lesen begonnen, aber hörte überhaupt jemand zu? Hüsteln, Räuspern, Füßescharren, Stühlerücken. Seine Kuhglocke – Herrschaftszeichen und Disziplinierungswerkzeug gleichermaßen – wollte Richter noch nicht einsetzen. Er atmete hörbar aus. Offenbar missfiel einigen die akkurate Ausrichtung der

Stuhlreihen, so dass sie nach vorne oder nach hinten auswichen, sich seitlich wegdrehten, um die Beine übereinanderzuschlagen und die militärische Ordnung des Auditoriums in eine gemütlichere Unübersichtlichkeit zu verwandeln oder, wie Enzensberger, der sich auf dem Fußboden neben dem Podium plazierte, die Stuhlreihen gleich ganz zu verweigern. Dieser Vorgang wurde begleitet von permanentem Raunen und Rascheln, es war zum Gotterbarmen. Draußen läutete eine Glocke. Silberhell. Was gab es denn zu läuten auf dem Campus? Hatten sie hier eine eigene Kirche?

Stundenschläge. Zeiteinheiten. Peter Weiss saß mit verkniffenem Gesicht da. Er war angereist, obwohl ihm klar gewesen sein musste, dass keine seiner Forderungen in Erfüllung gehen würde. Andere, die kommen wollten, fehlten dagegen, der gute Fred zum Beispiel, Richters alter Kamerad Andersch, der seine ursprüngliche, dann aber doch nicht eingehaltene Zusage damit begründet hatte, er hielte es für völlig falsch, wenn die Tagung aus politischen Vietnam-Gründen ausfallen würde. Grass, ein paar Reihen vor Weiss, streckte, durchströmt vom angenehmen Bewusstsein, Günter Grass zu sein, die Beine aus. Das Milchgesicht da hinten mit dem schütteren Oberlippenbärtchen und der Mädchenfrisur, das musste der junge Österreicher sein, den Unseld empfohlen hatte. Wie hieß der doch gleich? Für die Einladung hatte der Jüngling sich geradezu rührend bedankt, ganz »überrascht« sei er gewesen, aber sodann besorgt, weil die Flugkosten höher lagen als die 400 Dollar, die jeder

Teilnehmer als Zuschuss erhielt. Richter hatte ihn trösten müssen und ihm eine günstigere Verbindung herausgesucht. Um alles musste er sich kümmern.

Er blickte zu Jens, der stets Gefahr lief, ins Deklamieren zu verfallen, ganz der Rhetorikprofessor, der es nicht lassen konnte, der Kritiker, der es auch als Dramatiker allen beweisen musste, um sie anschließend wieder zu zerpflücken, wenn er in der Kritikerreihe seinen angestammten Platz gefunden haben würde, neben Marcel Reich-Ranicki, den Professoren Hans Mayer und Walter Höllerer, dem jungen, gut geölten Joachim Kaiser und dem immer breiter werdenden Erich Fried, der seit der Berliner Tagung im Oktober 1965 seinen Platz in der ersten Reihe behauptete und also neben der Schriftstellerexistenz auch als Kritiker ganz vorne sein wollte. Jens hatte Richter vorgeworfen, dass er immer weitermache, er solle doch endlich aufhören damit, zu weiteren Treffen einzuladen, spätestens wenn er sechzig werde, könne er nicht mehr da sitzen, und so weiter. Als Kritiker setzte Jens seinen Gegenständen so lange zu, bis er sie mundgerecht zerlegt hatte, um sich dann, wenn nichts mehr übrig war, dem nächsten zuzuwenden. Er sei wie Hindenburg, hatte Jens zu Richter gesagt, der habe ebenfalls nicht rechtzeitig aufhören können. Aber Hindenburg, so gab Richter zurück, war nicht nur der senile Greis, der Hitler ins Amt hievte, er war auch schon sechsundsechzig, als er in der Schlacht bei Tannenberg zum Kriegshelden reifte, da blieben ihm, Richter, noch ein paar Jahre, sein Tannenberg könnte noch kommen, und dann wäre immer noch Zeit für einen Abschied in Würde. Man muss alles so zu Ende führen, dass es bestehen kann. Und jetzt saß Jens gleich als Erster auf dem elektrischen Stuhl, weil er sein Geschriebenes nicht zurückhalten konnte. Jens war von Anfang an für den Ausflug nach Amerika gewesen und hatte sich nicht geziert, wie so viele andere, denen die Politik wichtiger war als die Literatur. Richter sah in ihm einen Freund, auf den er sich verlassen konnte, also verzieh er ihm seine Eitelkeit. Eitel waren sie schließlich alle. Eitelkeit gehört zur Grundausrüstung ihres Berufs. Wer nichts von sich hält, der schreibt auch nicht.

2

Natürlich hätten sie auch in Großholzleute lesen können. Oder in Altenbeuren, Niederpöcking, Saulgau, auf Burg Berlepsch, im Kloster Bebenhausen, im Jagdschloss Göhrde, am Wannsee oder wo sie sonst noch zusammengekommen waren im Lauf von zwanzig Jahren. Walser, den Richter für einen alemannischen Sturkopf hielt, hatte es geradeheraus gesagt: Wenn in Weingarten oder Ravensburg oder im Allgäu getagt würde, wäre er sofort dabei. Da hätte er es ja nicht so weit von seinem Bodensee aus. Princeton aber hatte Walser für ganz und gar unerträglich erklärt und wegen des Krieges in Vietnam, Sartre zitierend, vom »Kulturbetrieb in der Etappe« gesprochen. Richter hatte sich darüber heftig geärgert – er ärgerte sich allzu oft –, weil er doch wusste, dass Walser wusste, dass die Gruppe nichts anderes war als ein lockerer Zusammenschluss von Freunden und Kollegen und er, Richter, aufmerksam darüber wachte, dass niemand in Versuchung geriet, sich als Teil einer offiziellen Delegation zu gerieren oder die Gruppe mit politischen Absichten zu befrachten. Von wegen Etappe! Im Grunde war es doch immer und überall gleich abgelaufen: Auf Lesungen folgten Diskussionen, auf Autoreneitelkeiten die Eitelkeiten der Kritiker, die sich gegenseitig übertrumpften und denen sowieso egal war, vor welcher Kulisse sie agierten, Hauptsache, sie kämen gut zur Geltung. Die Tagungen waren mal besser, mal schlechter, klar, das gehörte zur Natur der Sache, doch Provinz war überall, und zur Not brachten sie sie eben von zu Hause mit. Die deutsche Literatur wurzelte gerade dort, wo sie Größe hatte, tief in der Provinz. Die literarische Landkarte reichte vom Rheinland Heinrich Bölls bis in Siegfried Lenz' Masuren, von Walsers Bodensee bis zu den Kaschubischen Äckern in der *Blechtrommel* und ins Mecklenburg Uwe Johnsons, der sehr aufrecht und steif und alle anderen um Haupteslänge überragend mit knallrotem Kopf neben Peter Weiss' bezaubernder Frau Gunilla Palmstierna saß und jede Berührung mit ihr sorgfältig vermied, indem er die Ellenbogen eng am Körper hielt. Sie alle erzählten aus ihren Regionen und ihrer Herkunft heraus, anders konnte es nicht sein in einem Land, das dem Nationalen zu misstrauen gelernt hatte.

Die Gruppe 47 gab es auch deshalb, weil Deutschland sich keine wirkliche Hauptstadt mehr leisten wollte, sondern bloß Bonn. Und eine literarische Hauptstadt gab es schon gar nicht.

Jetzt also die Whig Hall in Princeton als merkwürdig aus Zeit und Raum und allen Epochen herausgefallene Kulisse für die achtundzwanzigste Tagung der Gruppe. Dass es ihre vorletzte sein würde, konnte keiner wissen; über das baldige Ende der Gruppe wurde in der Presse schon seit Jahren spekuliert, das gehörte fast schon dazu, und doch wirkte dieser Ort wie ein künstlicher Kokon, in dem das Unzusammengehörende noch einmal zusammengebunden wurde für drei flüchtige Tage. Die Whig Hall war ein griechischer Tempel auf dem Campus, so wie Amerikaner ihn sich vorstellen, Heimstätte der Whig Cliosophic Society, eines akademischen Debattierclubs. Neben der Whig Hall stand noch ein ähnliches architektonisches Unding, vermutlich aus Gründen der Symmetrie, so dass darauf zu achten war, das richtige Gebäude zu erwischen. Diese Szenerie sollte wahrlich provinziell genug sein für eine Gruppe deutscher Schriftsteller im Ausland. Man betrat die heilige Halle über elf Stufen einer enormen Freitreppe und durch ein Säulenportal, was alle Ankommenden in ein gravitätisches Schreiten zwang, und so waren sie in kleinen Grüppchen oder einzeln hinauf und hineingeschritten ins Tagungsgeschehen. Die Eingangstür, gewaltig wie ein Kirchenportal, öffnete sich in ein marmorweißes Foyer mit Spannteppichen an der Wand, das einzig für Kaffeepausen geschaffen zu sein schien. Vor der Treppe, die von hier aus nach oben in den Sitzungssaal führte, hatte jemand eine Schiefertafel aufgestellt und mit weißer Kreide und in Großbuchstaben darauf geschrieben: KEIN DURCHGANG! – vielleicht im Glauben, dass eine deutsche Zusammenkunft erst mit Verbotsschildern zu einer echten deutschen Zusammenkunft werden würde. Ein amerikanischer Literaturkritiker meinte, es sei ebenso schwer, in den Tagungsraum zu gelangen, wie in den Himmel. Aber das war Unsinn. Allzu viele saßen in diesem Himmel, die Richter nicht gerufen hatte. Unvermeidlich jedoch, dass eine solche Menge illustrer deutscher Schriftsteller im Ausland sich unweigerlich in Repräsentanten ihres Landes verwandelten, ob sie wollten oder nicht – und nicht jeder nahm das so locker wie Raddatz, der cool bemerkte: »Die schlechteste Repräsentanz sind sie gewiss nicht.«

Der Saal war nahezu quadratisch und wurde lediglich durch eine halbrunde Apsis ausgebuchtet, vor der der elektrische Stuhl, Richters Herbergsvaterstuhl und das Tischchen mit Wasserkrug, Gläsern, Thermoskanne und Aschenbecher ihren Platz gefunden hatten, unverzichtbare Kultgegenstände einer Gemeinschaft, die auf dem Ritual der Lesung gründete. An den Wänden hingen vier Bilder würdevoller alter Herren, in Gold gerahmt und angestrahlt, das waren vier Präsidenten, und falls noch Zweifel daran bestehen sollten, in welchem Land man sich befand, erinnerte die amerikanische Flagge, die aufgerollt hinter Richter stand, daran, dass man eben nicht in der Pfalz oder in Oberbayern zusammensaß, sondern in einem Land, das Krieg führte. Einen verbrecherischen Krieg, wie nicht nur Peter Weiss konstatierte, denn das war ja allen klar, wenngleich sie unterschiedliche politische Schlussfolgerungen daraus zogen. Verbrecherisch schon deshalb, weil die US-Army Napalm einsetzte, eine Art verdicktes Benzin, das alles versengte und verbrannte, womit es in Berührung kam, und das unterschiedslos über dem Dschungel und den Dörfern und den Menschen in den Dörfern abgeworfen wurde und die Menschen in lebende Brandfackeln verwandelte, die schreiend zu entkommen versuchten, bis sie zusammenbrachen. Die »Operation Ranch Hand« war in vollem Gange, schon 1962 hatte die US-Army begonnen, das Entlaubungsmittel »Agent Orange« aus Flugzeugen heraus einzusetzen, um feindliche Truppenbewegungen im dichten Dschungel besser beobachten zu können. Es war eine brachiale Methode, mehr Transparenz zu schaffen – so wie das Militär eben Transparenz versteht: Dass die Bäume nicht nur entlaubt wurden, sondern häufig ganz abstarben, war ein durchaus erwünschter Nebeneffekt. Sie brannten dann hervorragend, wenn Brandbomben abgeworfen wurden und Feuerstürme verursachten. Von langfristigen Folgen für die Natur, von Haut- und Krebserkrankungen unter der vietnamesischen Bevölkerung war dabei noch gar nicht die Rede. Die 1962 begonnenen Einsätze nahmen kontinuierlich zu. Seit März 1965 baute Präsident Johnson die amerikanische Truppenpräsenz im Süden des Landes immer weiter aus und ließ den

Norden bombardieren. 1965 waren es 25.000 Bombardierungen, 1966 mehr als das Dreifache: 79.000. Dabei wurden 136.000 Tonnen Sprengsätze abgeworfen, auch Splitterbomben und Napalm, angeblich nur auf militärisch relevante Ziele, die Johnson persönlich aussuchte. Trotzdem starben Tag für Tag hunderte Zivilisten. Die Bilder, die man aus Vietnam zu sehen bekam, waren grauenhaft, und Richter konnte durchaus das Bedürfnis verstehen, sich zu distanzieren und diesen Krieg zu verurteilen, und ihm war überdies klar, dass einige, wie Weiss, die Reise in die USA zur Solidaritätsaktion mit den Kriegsgegnern umfunktionieren wollten. Doch seine Aufgabe war und blieb, über die politische Neutralität der Gruppe zu wachen. Alles andere würde sie zerreißen und in ihre Einzelteile zerlegen. Außerdem waren sie hier bloß zu Gast und hatten sich wie Gäste zu benehmen.

Nicht nur Walser war zu Hause geblieben. Auch Böll hatte abgesagt mit grundsätzlichem Missfallen daran, dass die Gruppe im Ausland automatisch zum Exportartikel werde. Warum solle er in die USA reisen, nur um dort Günter Herburger oder Rolf Dieter Brinkmann oder Rolf Schneider zuzuhören? Eine regelrechte Gänsehaut verursache ihm die Vorstellung, der Staat könne aus der Gruppenreise der Schriftsteller politisches Kapital schlagen, denn wenn in Princeton ihre »ach so bewährten kritischen« Texte zum Vortrag kämen, dann würde das der Bundesrepublik den Ruf eines freien Landes verschaffen, den sie nicht verdient habe. Das war für Böll eine fürchterliche Vorstellung. Ganz im Gegenteil sollten die Schriftsteller daran arbeiten, den außenpolitischen Kredit der BRD abzubauen, den guten Ruf, den das Land in den USA fälschlicherweise besitze, zu zerstören. Auf diesen Gedanken musste man erst einmal kommen. Da überlief nun allerdings Richter eine Gänsehaut. Er begriff nicht, was Böll antrieb, ob er ernsthaft an der Demokratie zweifelte, weil mit Heinrich Lübke ein Mann als Bundespräsident fungierte, der in der NS-Zeit Bauleiter bei der Errichtung eines Konzentrationslagers gewesen war und den Einsatz von Häftlingen zu verantworten hatte. Aber waren die Vorwürfe, die aus durchschaubaren Motiven heraus neuerdings von der DDR erhoben wurden, wirklich ernstzunehmen? Ob die CDU im durchaus möglichen Fall einer Großen Koalition sich wirklich für Kiesinger als Kanzler entscheiden würde und also für einen Mann, der einst NSDAP-Mitglied gewesen war, das müsste sich erst zeigen. Ein Regierungswechsel bei den nächsten Wahlen war doch immer noch möglich, auch wenn Willy Brandt gerade erst gegen Ludwig Erhard verloren hatte. Irgendwann würden die Sozialdemokraten es schaffen. Böll misstraute dem Staat und den Parteien. Die SPD sei doch schon seit 1914 tot, und wenn es zur Großen Koalition käme, wäre das die Vermählung zweier fast gleich großer Kadaver. Die Zeit der Opposition ist vorbei, hatte er an Richter geschrieben, die Zeit des Widerstandes gekommen, da konnte Richter nur noch den Kopf schütteln. Böll war schließlich zum selben Resultat gelangt wie Walser und hatte eine Tagung im »nächstbesten Bundeskaff« vorgeschlagen – falls überhaupt weiter getagt werden sollte, und diese kleinen Hiebe, diese ständig ausgestreuten Zweifel waren es, die an Richter nagten, die ihn ärgerten und die ihn wirklich darüber nachdenken ließen, aufzuhören und einfach keine Einladungen mehr zu verschicken. Nach zwanzig Jahren durfte er auch einmal müde sein.

Das Verharren in der Provinz war gewissermaßen ein deutscher Selbstschutz. Solange man unter sich und auf irgendeinem abgelegenen Gasthof blieb, konnte nichts passieren, und die Großmannssucht erhielt qua Abgeschiedenheit keine Chance. Nach Auschwitz nur noch Provinz: Aber dann brauchte sich niemand darüber zu beschweren, dass die deutsche Literatur im Ausland für provinziell gehalten und also kaum wahrgenommen wurde. Was an Avantgarde aus Deutschland kam, war den amerikanischen Avantgardisten nicht Avantgarde genug, und so sahen sie darüber hinweg. Die konventionelle Erzählware aber war nicht konventionell genug, um wirklich marktgängig zu sein, und so blieben als deutsche Exportschlager eben doch nur Grass mit der *Blechtrommel* übrig und Weiss' Theaterstück über Marat und den Marquis de Sade, das am Broadway gefeiert wurde. Gegen Hirschgeweihe an der Wand deutscher Gasthöfe hatte niemand etwas einzuwenden gehabt. Wenn aber Präsident Wilson an der Wand hing – ein Zögling Princetons, auf den die Universität stolz sein dürfen wollte –, übersah man das Porträt geflissentlich. Zum Glück war es nicht Lyndon B. Johnson!

Hans Mayer weiß es schon und will es auch sagen. Walter Höllerer denkt noch nach, wird sich aber demnächst zu Wort melden. Marcel Reich-Ranicki ist skeptisch, schweigen wird er nicht. Hinter der Reihe der Kritiker bringt sich Peter Weiss als Zuhörer zur Geltung.

So eine Reise nach Princeton könnte doch auch dazu dienen, die Gruppe aus ihrer selbstgewählten Provinzialität herauszuholen. Oder sollten sie, aus bloßer Scham, Deutsche zu sein, lieber immer und ewig zu Hause bleiben? Dann müsste man aber aufhören, sich darüber zu beklagen, dass die deutsche Literatur in den USA auf so wenig Gegenliebe stieß. Liebe hatten die Deutschen sowieso nicht mehr zu erhoffen in diesem Jahrhundert, aber wenigstens ein bisschen Interesse. Deshalb waren sie ja hierher gereist, im seltsamen Versuch, die Provinz in die große weite Welt zu verlagern und so eine Art Quadratur des Kreises zu versuchen. Dass man die Welt dann aber auch einlassen müsste, fiel Richter nicht ein. Dass die deutsche Provinz womöglich eine aussterbende Region war, setzte der Literatur zu. Die Gegensätze gingen verloren. Dörfer wurden zu Vororten, Vororte wuchsen zusammen, und wo es keine Metropolen gab, konnte es keine Provinz geben. Die Bundesrepublik war Mittelstand, Mittellage, Mittelmäßigkeit, und auch wenn die Türen der Whig Hall geschlossen blieben, spürte man das doch, hier in der Fremde.

Richter bedauerte sich selbst, weil er sich mit all diesen Zweifeln und Einwänden herumschlagen und in die abgelegensten Gehirnwindungen seiner Schutzbefohlenen hinein Verständnis aufbringen musste. Da war ihm die Verrücktheit eines Wolfgang Koeppen lieber. Damit konnte er umgehen. Koeppen lebte gewissermaßen stellvertretend und im großen Maßstab die Urangst des Schriftstellers aus, nichts mehr zu Papier bringen zu können. Seit Jahren hockte er, von seinem Verleger Siegfried Unseld geduldig alimentiert, in seiner Münchner Wohnung, ohne mit dem sehnlichst erwarteten Roman jemals fertig zu werden, ja, es war unklar, ob er überhaupt schon begonnen hatte, doch er musste sich immer neue Ausreden ausdenken, warum es nicht vorwärts ging damit. Wahrscheinlich verbrauchte er all seine Schaffenskraft für die Briefe an den Verleger, in denen er ein ums andere Mal erklärte, warum jetzt noch nicht, aber bestimmt sehr bald mit dem Durchbruch zu rechnen sei. Nach seiner Trilogie des Scheiterns, den Romanen über den Bonner Politikbetrieb der fünfziger Jahre, hatte er das Scheitern nolens volens zu seiner eigenen, dauerhaften Sache gemacht. Jetzt hatte er in Verzweiflung und Panik eine neue Wohnung gemietet, die er sich gar nicht leisten konnte, die er aber für nötig hielt, weil er glaubte, es wäre der Lärm des Kinderspielplatzes vor seinem Fenster gewesen, der ihn so hartnäckig vom Arbeiten abgehalten hätte, dass er sich bezüglich all seiner Pläne und Verpflichtungen in einem kaum je wieder aufholbaren Rückstand befinde. Es stehe alles auf des Messers Schneide! Doch nun, wo ihn kein Kinderlärm mehr störte, lähmte ihn der Gedanke an die irrsinnige Miete, von der er nicht wusste, wie er sie auftreiben sollte. Er hatte sich vorgenommen, ab sofort zwölf Stunden täglich am Schreibtisch zu sitzen, weshalb er in dieser zur Lebenskrise gewordenen Schaffenskrise die Arbeit am Roman unmöglich unterbrechen und nach Princeton reisen könne. Es war zwar nicht davon auszugehen, dass er in diesen zwölf Stunden täglich etwas zu Papier bringen würde, aber der Vorsatz war unterstützenswert, auch wenn er wohl nicht ganz ehrlich war, wie Koeppen, was seine Arbeit betraf, niemals ehrlich war, denn tatsächlich fürchtete er vor allem, bei der Gruppe 47 Unseld zu begegnen und ihm nicht ausweichen zu können. Unseld, dem er ohne Manuskript keinesfalls unter die Augen treten durfte, Unseld, der nicht irgendein banales Manuskript von ihm erwartete, sondern nichts geringeres als den deutschen *Ulysses*. Also war Koeppen zu Hause geblieben, in seiner überteuerten Münchner Wohnung, um dort täglich zwölf Stunden auf seine Schreibmaschine zu starren und gelegentlich einen Brief an den Verleger zu schreiben. So wie er immer schon zu Hause geblieben war, denn an einer Tagung der Gruppe 47 hatte er noch nie teilgenommen.

3

Richter hörte kaum zu, was Jens las. Nur einzelne Sätze kamen bei ihm an: »Herr Hauptmann, sagte er, eben ist die Luxemburg in den Kanal geworfen worden. Wenn Herr Hauptmann sie sehen wollen, sie schwimmt schon. Man hatte wohl versäumt, den Leichnam mit Steinen zu beschweren.« Jens war nicht gut zu verstehen. Richter konnte von seinem erhöhten Sitzplatz aus sehen, wie im Saal angestrengt die Ohren gespitzt wurden. Störend zudem, dass die Schwingtür durch einen Luftzug in sachte Pendelbewegungen geriet und dabei ein knarrendes Geräusch produzierte, das wie Hohnlachen klang. Türen hatten geschlossen zu sein und nicht zu schwingen. Das galt grundsätzlich, und es galt ganz besonders bei Lesungen der Gruppe 47, die, Regel Nummer drei, in geschlossenen Räumen abzuhalten waren und zwar so, dass der Ausschluss der Außenwelt die Konzentration auf die Innenwelt beförderte und Außenwelt allenfalls als Außenwelt der Innenwelt, also innerliterarisch, zum Ausdruck gelangte, aber nicht von außen her ins Innere des Gruppenseins eindrang. Eine Schwingtür gehörte in einen amerikanischen Saloon, aber nicht in einen griechischen Tempel. Mit jeder Schwingung flüsterte sie: Kommt herein! Geht hinaus! Erschießt euch auf der Straße! Reitet hinaus in die Prärie! Sie verlangte nach ständigem Hin und Her, um in Bewegung zu bleiben, anstatt wie eine anständig geschlossene Tür in einem Saal, in dem gelesen wurde, zu sagen: Konzentriert euch! Bleibt auf euren Plätzen! Hier wird zugehört, und alle, die nicht dazugehören, müssen draußen bleiben. »Ich fürchtete mich sehr«, las Jens. »Jeden Abend saßen Offiziere in meiner Zelle und drohten mir, wenn ich falsch aussagte, würden sie in meinem Bett eine Handgranate verstecken, sie haben auch mit ihr geübt«, worauf der Richter – der Richter in Jens' Stück – den Angeklagten aufforderte, dem Gericht zu demonstrieren, wie die Sache mit der Handgranate vor sich gegangen sei.

Die Schriftsteller aus der DDR, die Richter eingeladen hatte, fehlten auch. Zwar war es gelungen, dass alle reibungslos ihre US-Visa erhalten hatten – keine Selbstverständlichkeit, denn allen Kommunisten, ehemaligen Kommunisten und Bürgern aus osteuropäischen Ländern wurde die Einreise normalerweise verweigert. Sogar für sich selbst hatte Richter ein wenig gefürchtet, weil er bis 1932 in der KPD gewesen, dann aber ausgeschlossen worden war. Auch um die ehemaligen DDR-Bürger Mayer und Raddatz hatte er sich gesorgt, um den einstigen polnischen Staatsbürger Reich-Ranicki sowie um Walter Mannzen und Andersch (von dem er da noch glaubte, er käme mit), die beide bis 1933 KPD-Mitglieder gewesen waren. Doch alles ging gut. Aber was nutzte das den Schriftstellern aus der DDR, wenn ihnen zuvor die Ausreise verwehrt blieb. Über einen Artikel im *Neuen Deutschland* ärgerte Richter sich maßlos, ob »die Initiatoren« – so wurde er da weggeschrieben – ob die Initiatoren denn tatsächlich glaubten, dass sozialistische Autoren Wert darauf legten, an so einer »Wohlstandsparty« im kriegführenden Amerika teilzunehmen? Manfred Bieler, Wolf Biermann, Fritz Rudolf Fries, Franz Fühmann, Stephan Hermlin, Peter Huchel, Günter Kunert, Karl Mickel und Rolf Schneider hätte Richter gerne dabei gehabt – der geschätzte, geliebte Johannes Bobrowski war im Vorjahr ganz plötzlich und tragisch gestorben –, aber sie mussten zu Hause bleiben, obwohl sie alle, jeder Einzelne, mit Freude zugesagt hatten. Die Teilnahme sei nur für eine offizielle DDR-Schriftstellerdelegation denkbar, hatten die Ost-Behörden verlautbart, diese müsse aber vom DDR-Schriftstellerverband zusammengestellt werden. Das kam natürlich nicht in Frage; Richter ließ sich das Heft des Handelns nicht aus der Hand nehmen und wollte die literarische Qualität der Gruppe nicht durch politische Opportunität verwässern. Ihm ging es nicht um die parteigenehmen, sondern um die widerspenstigen Köpfe.

So naiv, dass ihn die Ausreiseverweigerung überrascht hätte, war er jedoch nicht. Im Grunde war es ihm von vornherein klar gewesen, dass damit gerechnet werden musste, und er hatte nicht zuletzt gegenüber den amerikanischen Gastgebern der Universität diese Absage bereits ins Kalkül gezogen, als er ihnen versicherte, mehr als achtzig Reisen müssten nicht finanziert werden. Schon im Januar hatte er nach Princeton geschrieben, dass die DDR-Autoren »unter den gegebenen Umständen« keine Ausreiseerlaubnis bekämen, mit ihnen also nicht zu rechnen sei, jedoch wolle er sie trotzdem einladen. Ins Budget wurden sie aber gar nicht erst eingerechnet. Die Sache war ein Politikum und von Anfang an als solches angelegt.

Wie leicht wäre es für die DDR-Oberen gewesen, mit einer überraschenden Ausreiseerlaubnis für einige finanzielle Turbulenzen im Reisetopf zu sorgen. Ebenso wenig hatten sie begriffen und würden auch niemals begreifen, was Böll fürchtete, dass nämlich der Auftritt kritischer Geister im Ausland Werbung für den eigenen Staat und dessen freiheitlichen Charakter wäre. Sie predigten zwar bei jeder passenden und unpassenden Gelegenheit Dialektik mit Hegel und Marx, waren aber unfähig, die schlichtesten dialektischen Gedanken auch nur zu erahnen. Hermlin hatte noch angeregt, Richter möge doch bitte Christa Wolf und Hermann Kant einladen, sie Kandidatin, er Mitglied des ZK der SED, und hatte offenbar geglaubt, die Reise stünde tatsächlich unmittelbar bevor. Biermann war da von Anfang an realistischer gewesen. Nach dem kulturpolitisch verheerenden 11. Plenum der SED im Dezember 1965 war in Sachen Freiheit nichts mehr zu hoffen; da hatte die SED klargemacht, dass sie nicht länger mit sich spaßen ließ, Filme und Bücher waren verboten worden, indem man sie als jugendzersetzend und unmoralisch deklarierte, selbst der mutige Einspruch von Christa Wolf hatte nichts daran ändern können. Biermann hatte sich in Sachen Reiseerlaubnis trotzdem an Kulturminister Gysi gewandt, auch wenn ihm, wie er Richter mitteilte, klar gewesen war, »dass im Fahrplan des 11. Plenums der SED wahrscheinlich kein Zug für mich in die USA fährt«.

Mit dem Zug waren auch die Westdeutschen nicht über den Atlantik gefahren, das hätte nur Biermann vermocht, im Sonderzug, aber einige von ihnen hatten die traditionelle Schiffspassage und damit die langsamere Annäherung gewählt, ob aus Flugangst, aus Skepsis gegen die Moderne, aus Rücksicht auf die Gattin oder aus klassischem Stilbewusstsein. Barbara König war auf der Queen Mary angereist, hatte von heftigem Geschaukel und Übelkeit berichtet, so dass im Speisesaal viele Plätze leer geblieben waren. Zur Erholung besuchte sie in Manhattan die Babyabteilung des Macy's, wo sie einen Matrosenanzug für die kleine Tochter und für sich einen Bademantel erwarb. Grass hatte sich für die Südroute entschieden und in Genua die Michelangelo bestiegen, angeblich weil Anna, die Ballerina an seiner Seite, auf der Schiffsreise bestand, tatsächlich aber mit sicherem Gespür für dramaturgische Zuspitzungen, die dazu dienten, ihn zur Geltung zu bringen. Schon zum Dichtertreffen in Telgte, dreihundert Jahre früher, so stellte er sich vor, weil er einmal darüber schreiben wollte, hatte so mancher den Schiffsweg genommen, dem die Reise auf andere Art zu gefährlich gewesen wäre. Auf hoher See geriet die Michelangelo in einen Sturm, ein heftiger Brecher donnerte über das Schiff hinweg, Aufbauten zerbrachen, krachten aufs Deck und schlugen in die nächste Ebene durch, wo die Kabinen der Ersten Klasse untergebracht waren. Zwei Passagiere und ein Besatzungsmitglied kamen dabei ums Leben. Grass saß zur Zeit des Unglücks mit Wagenbach im Salon und spielte Karten. In der allgemeinen Aufregung, als alle durcheinander rannten, blieb er seelenruhig im Getümmel stehen und verteilte Äpfel an die Kinder und Whisky an die Erwachsenen. Auf diese Weise zu Ruhm gelangt, hatte er, noch bevor das Schiff am Pier in Manhattan anlegte, wo die Verlegerin Helen Wolff ihn erwartete, bereits so viele Interviews gegeben, wie es all den anderen Teilnehmern zusammen während der gesamten Tagung nicht gelingen würde. Handke ausgenommen, aber das war eine andere Geschichte.

Und dann die Ankunft. Ein Schiff zu verlassen, ist allemal majestätischer, als aus so einer engen Flugzeugbüchse herauszuklettern. Ein Hafen ist immer der größere Bahnhof. Weiss, der von Le Havre aus übersetzte, lief mit der France in früher Morgenstunde ein, lautlos, bei Dunkelheit und Staubregen. Die Freiheitsstatue glitt wie ein dicker, formloser Klumpen am Schiff vorbei und erinnerte ihn an Kafka, der ihr in seinem Amerikaroman an Stelle der Fackel ein Schwert in die Hand gegeben hatte. Das Schiff fuhr dicht an den himmelhoch aufragenden Häuserblöcken entlang, zwischen denen sich die Straßenzüge Manhattans öffneten. Beim Blick auf

Viadukte und die vielen erleuchteten Fenster schrieb er in sein Notizbuch: »Die klassische Ankunft (anstelle des modernen Herabfallens aus der Luft).« Bis es hell wurde, blieb er am Kai, sah sich in der Zollhalle um und beobachtete griechische Einwanderer, die ihren Ziegenkäse und ihren Knoblauch aus den Koffern kramen und abgeben mussten. »Es sind immer die Philister, die gleich am aggressivsten werden«, notierte er. »Diese Leute, die geschunden werden, zahlen zurück. Doch führen sie immer die Sache ihrer Herren aus. Sind die ersten, die zu Faschisten werden.« Den weiteren Verlauf der Reise hatte er sich bereits zu Hause aufgeschrieben: Vom Hafen zum Port Authority Bus Terminal, dritter Stock, Steig 120 ff., in Princeton bis Palmer Square.

Die meisten hatten sich aber doch fürs Fliegen entschieden, auch Richter zog schließlich das Flugzeug vor, um schon ein paar Tage früher in New York zu sein und noch ein bisschen Hof zu halten im Hotel Algonquin, das im Ruf stand, ein Treffpunkt der Intellektuellen gewesen zu sein. Gertrude Stein war hier abgestiegen, William Faulkner hatte angeblich seine Dankesrede für den Nobelpreis auf eine Serviette notiert, Hemingway, wie überall, auch hier einmal einen Whisky getrunken, Sinclair Lewis das Hotel sogar kaufen wollen. Ein Hubschrauber brachte Richter und Toni, die immer an seiner Seite war, vom Flughafen ins Zentrum Manhattans, wo sie auf einer Plattform des Pan-Am-Buildings landeten. In der Bar des Gebäudes wartete Reinhard Lettau mit ein paar Freunden und deutete mit stolzer Geste auf die Sky-

Günter Grass ist Günter Grass ist Günter Grass – und dreht
sich auch die Zigaretten selbst.

line, als hätte er diesen atemraubenden Ausblick ganz
persönlich für Richter und seine Frau vorbereitet. Lettau
hatte in den USA studiert, in Harvard über den deutschen utopischen Roman im 20. Jahrhundert promoviert,
und obwohl er jetzt wieder in Berlin lebte, fühlte er sich
doch eher als Amerikaner, besaß auch einen amerikanischen Pass und sprach wie ein Einheimischer, ja mit
leicht übertriebenem amerikanischen Akzent, auf den er
so stolz war, dass er alle, die ein weniger amerikanisches
Amerikanisch sprachen, zurechtwies und sie, indem er
sie durch seine dicken Brillengläser betrachtete, ein wenig Verachtung spüren ließ. Bei Richter aber sah er
freundlich darüber hinweg, wenn das Englische dessen

hölzerne deutsche Zunge nicht zu lockern vermochte. Toni nutzte die Gelegenheit für erste Fotos. Wolkenkratzer, sehr eindrucksvoll. Seit Hans Werner ihr 1956 eine Kamera geschenkt hatte, nahm sie nicht einfach nur als Gattin an den Tagungen teil, sondern hatte eine Funktion gefunden und machte, auch wenn sie keine gelernte Fotografin war, durchaus brauchbare Bilder.

Seltsam zwar, dass es sich um eine Pentacon aus DDR-Produktion handelte, ein nicht nur umständliches, sondern überdies ziemlich lautes Modell, dessen Blende sich mit deutlich hörbarem Klacken öffnete, doch niemand schien sich daran zu stören, wenn sie damit herumoperierte. Auch Höllerers Frau Renate war, mit Kamera gerüstet, immer dabei, allerdings als professionelle Fotografin mit besserem Equipment. Während die Männer lasen (und es waren fast nur Männer, die lasen), übernahmen die fotografierenden Ehefrauen die Rolle der Beobachterinnen und hielten das, was sich gerade ereignete, für die Ewigkeit fest – oder zumindest für die Archive. So ergab sich, ohne dass je darüber gesprochen wurde, die Arbeitsteilung: Das Wort war – von Ausnahmen abgesehen – eine männliche Domäne, das Bild aber – oder der Blick – eine weibliche, und Grass dichtete ein »Doppelportrait, der Fotografin Renate Höllerer gewidmet«:

Alle Köpfe im Ausschnitt gewinnen.
Wenn ein Hai im Profil durch das Bild schwimmt.
Oder auch Haare extra bei Gegenwind.
Nimm dich zusammen: Postkartengröße.

So trug er es dann vor, als er dran war, denn er drückte sich nie.

> *In meinem Motivsucher stellte sich ein:*
> *ich, die linke gefällige Seite*
> *ausgeleuchtet nach der Rasur*
> *und straff, weil geohrfeigt.*

> *Wenn immer mein Hündchen bellt,*
> *mache ich knips und belichte:*
> *Dich und den Hintergrund.*
> *Meine Geliebte ertrinkt im Entwickler.*

> *Schwarz. Das sind wir auf zwei Stühlen,*
> *wenn wir schweigen, dem Auslöser lauschen:*
> *breit im Format, bei angehaltenem Atem*
> *und verdeckter Blende.*

Die Gruppe war durch und durch männlich – und damit auch die Literatur. Sie war es so sehr, dass die Einladung, die Richter dieses Mal als Rundscheiben angelegt hatte, gar keine weibliche Form vorsah: »Sehr geehrter …« lautete die Anrede, alternativlos. Frauen kamen nur als Ehefrauen vor, deren Reisen ebenfalls zu finanzieren waren – das aber nur bei den älteren, bewährteren Teilnehmern. Jüngere Autoren lud Richter ohne Begleitung ein, oder er ging davon aus, dass junge Menschen noch nicht verheiratet sind. Bei den Ehefrauen aber, so präzisierte er das gegenüber den amerikanischen Gastgebern, handle es sich »natürlich« um literarisch tätige, germanistisch interessierte Wesen, ja vielfach gar um Germanistinnen, und er ging so weit zu sagen, ohne diese Frauen wäre die Gruppe 47 ein »Herr ohne Unterleib«.

4

Die Verleger hatten davor gewarnt, alle Schriftsteller für einen einzigen Flug zu buchen, das erschien ihnen zu riskant, denn dann würde die deutsche Literatur im Schadensfall gleich alles verlieren, was sie seit 1945 gewonnen hatte, und die Verlage müssten neue Programme aufbauen. Das wäre eine wirkliche Stunde Null der deutschen Literatur, gut zwanzig Jahre nach Kriegsende. Also verteilten sie sich auf verschiedene Maschinen und Fluggesellschaften, um das Risiko vielleicht nicht für sich selbst, aber doch für das imaginäre Gruppenganze zu minimieren. Was sich in der Gruppe 47 versammelte, war das andere, bessere Deutschland, davon waren sie insgeheim überzeugt, wenngleich viele der jetzt auch schon wieder älteren Generation sehr wohl in der Wehrmacht gedient und in dieser oder jener Funktion ihre Pflichten in der NS-Zeit erfüllt hatten. Doch Nazis waren sie nicht, Mitläufer vielleicht, wie der Rundfunk-Mann Günter Eich, der keinen Hehl daraus machte, nicht zu den Widerstandskämpfern gehört zu haben, oder wie Grass, der lieber nichts davon verriet, in den letzten

Kriegsmonaten in ein Bataillon der Waffen-SS geraten zu sein, oder wie Jens, der 1943 Parteimitglied der NSDAP geworden war, davon aber nichts wusste oder sich nicht mehr daran erinnern konnte. 1947 hatten sie sich als Erneuerer und Ernüchterer der deutschen Sprache zusammengefunden, jeder aus seiner eigenen Erfahrung heraus, und Inventur gemacht, durchbuchstabiert, was ihnen geblieben war und welche Worte überhaupt noch brauchbar waren. Sie schwiegen einvernehmlich über ihre Erlebnisse und zogen sich erst einmal aufs bloße Existieren zurück, so wie Eich das in seinem berühmt gewordenen Gedicht vorgeführt hatte:

Dies ist mein Notizbuch,
dies ist meine Zeltbahn,
dies ist mein Handtuch,
dies ist mein Zwirn.

Das war ihre Literatur, und alle spürten es, spürten es so sehr, dass nach Eichs Lesung – das war 1950 im schwäbischen Inzigkofen gewesen – niemand etwas sagte, weil es nichts zu sagen gab, außer dass es nichts zu sagen gab. In der Unschuld der Dinge hatten sie angefangen zu schreiben, Literatur mit Mütze, Rasierzeug und Konservenbüchse, aber ohne Weltanschauung. Auch der Krieg, aus dem sie kamen, war eine dinghafte Sache, von der sie möglichst kühl erzählten. Die schreckliche Zeit und die Gefangenschaft lagen hinter ihnen, sie waren Überlebende, waren Zeugen. Brot, warme Socken, ein Bleistift:

Das genügte einstweilen. Und es war ja gar nicht entscheidend, ob die Texte, die sie sich vorlasen, etwas besser oder etwas schlechter ausfielen und ob die Kritik brillant war oder nicht so brillant, wichtiger war Richter immer gewesen, dass ein Gespräch entstand, doch das begriffen leider nicht alle, und am wenigsten begriffen es die Beobachter und Zeitungsschreiber, die glaubten, die Bedeutung der Gruppe lasse sich an der literarischen Qualität und an gemeinsamen Verlautbarungen ablesen. Nein, die Bedeutung der Gruppe lag darin, dass sie eine Gruppe war, dass sie existierte, sofern sie existierte, denn sie existierte ja nur während der Tagungen, dass sie zu einem Zentrum geworden war, in dem es demokratisch zuging und wo man offen miteinander redete und diskutierte und unterschiedlicher Meinung sein durfte – denn das war 1947 für keinen von ihnen selbstverständlich gewesen.

Richter war selbstbewusst genug, um zu behaupten: »Die Gruppe 47 war pluralistisch, bevor unsre Gesellschaft es wurde.« Wenn er nun gelegentlich zu hören bekam, die Gruppe sei undemokratisch strukturiert, solange er als Alleinherrscher auftrete, der in undurchsichtiger Kumpanei und Klüngelei seine Einladungen verschicke, geriet er in Rage. Der streitsüchtige Walser hatte ihn mit dem Vorschlag, die Gruppe zu sozialisieren, in Wut versetzt, es aber nicht geschafft, ihn zu einem offenen Streit zu provozieren. Denn Richter stritt sich nicht gern. Walsers Vorschlag aber, vorgetragen in echter oder gespielter Naivität als Verteidigung der Gruppe gegen Angriffe von rechts, war ein solcher Unsinn, dass Richter es gar nicht hatte fassen können. Sozialisierung konnte nur ein Mann verlangen, der von Sozialismus nichts begriff. Die Gruppe »zu einem Allgemeinen machen«, »jedem zugänglich«, indem man sich ganz einfach selbst anmeldete, wie sollte das denn funktionieren? Allgemeinheit, das hieß doch Gleichmacherei! Offenheit, das hieß doch Bedeutungslosigkeit! Walser wollte eine Jury einsetzen, die darüber zu entscheiden hätte, wer lesen darf und wer nicht. Als ob das den Vorwurf der Kungelei entkräften würde! Und den heimtückischen Satz: »Ich kann mir nicht vorstellen, dass irgendjemand Urheberrechte an der Existenzform dieser Gruppe geltend machen könnte«, den konnte Richter gar nicht anders als auf sich beziehen. Nein, Literatur ließ sich nicht sozialisieren, und Literaten ertrügen das schon gar nicht. Walser am allerwenigsten. Demokratie geht nicht bloß von jedem Einzelnen aus, sie braucht einen Rahmen, in dem sie sich entwickeln kann, und dieser Rahmen war die Gruppe, und die Gruppe, die gab es nicht ohne ihn, Richter. Das hatte ja selbst Walser zugegeben, wenn er den Grund dafür, dass keine neuen, jüngeren Gruppen entstanden, darin sah, dass den Jüngeren einer wie Richter fehlte.

Warum, zum Teufel, war Eich eigentlich nicht gekommen? Dessen Ruhe tat ihm immer gut. Eich hatte irgendetwas von einer unaufschiebbaren Afrikareise geschrieben, zusammen mit der Aichinger, was wollten die bloß in Afrika? Auch die Bachmann, die in den frühen fünfziger Jahren einen ganz anderen, hochheiligen Ton angeschlagen hatte, vermisste er. Er hatte ihr nach Rom hinterhergeschrieben, mehrmals, sie hätte ihren Hans Werner Henze mitbringen dürfen, jedoch ohne Erfolg. Draußen läutete wieder die Glocke. Richter stand auf, um die kleinen Fensterchen zu schließen, die er kurz zuvor geöffnet hatte, weil es so heiß war im Raum und sehr verqualmt, Schiebefenster, die verkanteten, so dass er sie mit kippelnden Rucken mühsam in Bewegung brachte. Jetzt waren sie zu, das Läuten nur noch gedämpft zu hören, dafür wurde es aber gleich wieder stickig, die Pfeifenraucher waren am schlimmsten. Jens nahm sich Zeit. Die zwanzig Minuten, die pro Lesung angesetzt waren, hatte er längst überschritten. Aber dann gelangte er mit dem unvermeidlichen Hinweis auf die Freiheit der Andersdenkenden und letzten abgehackten Sätzen doch plötzlich ans Ende, indem er Rosa einsam unter Mördern zu Wort kommen ließ: »Wohin soll ich gehen, wem kann ich hilfreich sein, in welchem Land, wer wird meiner gedenken?« Das konnte nur eine rhetorische Frage sein, die viel zu pathetisch wirkte, denn indem er die Frage stellte, war der Luxemburg ja bereits gedacht, hier in Princeton, New Jersey, USA, am 22. April 1966, während einer aufstand, um die Fenster wieder zu öffnen und die amerikanische Luft hereinströmen zu lassen.

Grass lag schon auf der Lauer, um gleich als Erster zu Wort zu kommen und seine Enttäuschung zu formulieren, er hätte sich mehr erwartet, ein Stück zumindest, das aus einer dialektischen Spannung heraus lebe, stattdessen habe er einen bloßen Bericht gehört, der nicht ansatzweise zu szenischem Ausdruck finde, es sei ja alles bekannt, was Rosa Luxemburg, ihre Ermordung und den Prozess gegen ihre Mörder betreffe, das moralische Urteil längst gefällt, bliebe allenfalls noch zu verhandeln, wie sich die Sache aus heutiger Sicht darstelle. Fried war entschieden genau entgegengesetzter Meinung, doch es wurde nicht ganz klar, ob er das wirklich meinte, was er sagte, oder ob es ihm nicht vielmehr darum ging, Grass zu widersprechen. Er fand das Stück ungemein reichhaltig, nur die Vortragsweise unterbelichtet, aber dass man den Stoff kenne, sei wahrlich kein Argument, sonst hätte es auch für die alten Griechen keine Dramen geben dürfen, die kannten all ihre Geschichten doch auch. Kaiser wollte dann eher Grass zustimmen, während Weiss das Dokumentartheater als Theater neuen Typs verteidigte und damit nicht zuletzt seine eigene Arbeitsweise. Enzensberger hatte gar kein Stück, sondern bloß ein Hörspiel erlebt, nichts Gestisches, sondern nur Rhetorik vernommen, Höllerer fand das Poetische allzu additiv hinzugefügt, ohne dass es sich mit dem Berichthaften verbinde, der auf geradezu einschüchternde Weise eloquente Hans Mayer glaubte, der Mangel an Dramatik sei im Stoff selbst begründet, bis endlich Marcel Reich-Ranicki allen Rednern recht gab, um allen zu widersprechen: Keiner könne sagen, was Jens' Absicht sei, und deshalb ergingen sie alle sich in bloßen Mutmaßungen. Reich-Ranicki verbreitete Heiterkeit und gute Laune, aber so richtig ernst nahmen sie ihn nicht. Der junge

Hellmuth Karasek, der sich Mühe gab, immer ein wenig klüger zu wirken, als er war – wogegen nichts zu sagen wäre, denn das trifft ja auf alle zu, bei ihm merkte man es aber –, Karasek fand das Stück eklektizistisch und »ganz böse gesagt angelesen«, weil es in seinen Ohren nach Brecht und Weiss und Frisch geklungen habe. Jens selbst fehlte unter den Kritikern, weil er ja oben saß, und in eigener Sache schweigen musste, wie es ein weiteres ungeschriebenes Gesetz verlangte. Das war nicht leicht für ihn, vermutlich hätte er sogar den eigenen Text einer beherzten Spontankritik unterzogen, die Vorzüge des collagenhaften Umgangs mit dem Material zu würdigen gewusst oder Weiss zugestimmt und das Stück zum Oratorium erklärt. Rühmkorf schließlich entdeckte verschiedene Personentypen, die ihm zu klischeehaft geraten waren, bis erneut Fried zu bedenken gab, dass die Klischees durchaus absichtsvoll eingesetzt sein könnten. Danke, sagte Richter, und schon ging's weiter, indem er Fried aufrief, und der, jetzt schon warmgesprochen und übergangslos vom Kritiker zum Autor mutierend, stieg nicht ohne Anstrengung aufs Podium, setzte sich auf den elektrischen Stuhl und legte seinen Stock neben sich.

5

Fried fand seine Gedichte gut. Er fand sie sogar sehr gut. Und auch wenn die anderen sie nicht so gut fanden wie er, war ihm jederzeit anzumerken, wie sehr er es genoss, sich lesen zu hören. Wenn er Gedichte vortrug, spürte er eine Kraft, die eine Kraft der Worte war, Worte, die er so gewählt und in Zeilen gesetzt hatte, dass zwischen ihnen eine Reibung, eine Spannung entstand. Nüchternheit und hoher Ton. Einfache Sprache und Bedeutungsklirren. Die Kritiker machten jedoch Gesichter, als wäre von dieser Spannung auf ihren Plätzen nichts zu spüren, und einer der amerikanischen Germanistikprofessoren, die sich die Gelegenheit nicht entgehen lassen wollten, der deutschsprachigen Literatur für ein paar Tage etwas näher zu kommen, entwarf für seinen Bericht schon einmal den Satz: »Fried, ein fetter Mann mit einem boshaften Grinsen, rezitierte seine Gedichte mit der Gebärde eines Löwen, bereit, jede Kritik mit seinen scharfen Krallen zu zerfetzen.« Dabei machte Fried aber nur Pfötchen, wenn er, wie es seine Art war, mit der Hand durch die Luft wischte beim Lesen, und die Krallen hatte er dabei eingezogen.

Dass er politisch dachte, schrieb und handelte, ergab sich aus seiner Geschichte. Seine Heimatstadt Wien hatte er 1938 als siebzehnjähriger Sohn einer jüdischen Familie verlassen, bald nach dem sogenannten »Anschluss« Österreichs ans sogenannte »Dritte Reich« und dem Tod seines Vaters nach einem Gestapo-Verhör. London war ihm zur zweiten Heimat geworden, dort war noch während des Krieges sein Debüt, Gedichte mit dem Titel *Deutschland* erschienen, antifaschistische Lyrik, wie auch der folgende Band *Österreich*. Zur Gruppe 47 war er 1963 gestoßen, nachdem er in London Jens kennengelernt hatte, der sich dann für ihn bei Richter einsetzte. Fried sei, so Jens, ein begabter Lyriker und Prosaist, Mitte vierzig und also kein siebzigjähriger schwadronierender Emigrant, wie Richter wohl hätte fürchten können. Also hatte Richter Fried eingeladen, der seither zu jeder Tagung anreiste, immer gerne las und es in kürzester Zeit geschafft hatte, zum inneren Kreis derer zu gehören, die Richter für unverzichtbar hielt und die ihm mit Rat und Tat zur Seite standen. Fried hatte dann auch an Richters Wahlkampf-Band mitgewirkt, jenem »Plädoyer für eine neue Regierung«, mit dem die Schriftsteller sich für die SPD und Willy Brandt ins Rennen warfen. Zum Wahlsieg hatte es nicht gereicht, aber doch zu einer deutlichen Akzentuierung der politischen Verantwortung der Literatur, und obgleich der Band nicht mit der Gruppe 47 zu identifizieren war, gehörten doch fast alle der darin versammelten Autoren dazu. Fried hatte in seinem Beitrag die englische Sicht auf Deutschland und die beiden großen Parteien zusammengefasst und trickreich gemeldet, so manche Engländer sympathisierten nur deshalb mit der CDU, weil die den besseren Feind abgebe, und an Feindschaft zu den Deutschen sei ihnen gelegen. CDU-Wähler würden also, wenn sie die derzeitigen Mehrheitsverhältnisse zementierten, auch dafür sorgen, den Hass konservativer Engländer auf die Deutschen zu konservieren. Ob das aber wirklich ein hinreichender Grund wäre, stattdessen die SPD zu wählen, blieb offen, denn vielleicht fanden konservative CDU-Wähler ja ihrerseits Gefallen daran, von den verhassten Engländern gehasst zu werden. Fried war es damit jedoch gelungen, trotz gewisser Vorbehalte gegenüber der lauwarmen Sozialdemokratie zumindest indirekte Unterstützung zu signalisieren.

Solidarität unter den Linken war für ihn ein bedeutsamer Faktor, nicht zuletzt aus historischer Erfahrung heraus, denn die Zerrissenheit der Linken war es doch gewesen, die den Faschismus ermöglicht oder jedenfalls dazu beigetragen hatte, ihm nicht entschieden und geschlossen genug Widerstand entgegengesetzt zu haben. So war Fried auch in der Metzger-Kontroverse als Schlichter aufgetreten. Grass hatte in Höllerers Zeitschrift *Akzente* ein Gedicht mit dem Titel »Adornos Zunge« veröffentlicht, in dem er seiner Enttäuschung Ausdruck verlieh, dass der Frankfurter Philosoph sich zu fein gewesen war, um Wahlkampf für die SPD zu machen. Adornos Individualismus, sein Ästhetizismus wurden von Grass in derben Zeilen angeprangert, in denen er Adorno erst mit seiner »schönen Zunge« spielen ließ, dann aber eine Truppe von Metzgern zu ihm schickte, um ihm die Zunge abzuschneiden und sie als Beute davonzutragen. Das hatte postwendend Walsers Groll befeuert und ihn zu einer lyrischen Replik in der *Zeit* herausgefordert, wo er sich in brechtscher Manier auf die Seite des Proletariats schlug und die Berufsehre der Metzger wiederherstellte, die ja nicht blutrünstig wären, vielmehr zarte nächtliche Leser sein könnten und im Übrigen ihre blutige Arbeit auch für die Dichter leisteten, die ein blutiges, scharf angebratenes Steak durchaus zu schätzen wussten. Walser endete mit dem gewerkschaftlich klingenden Schlachtruf: »Ich schlachte für dich, Kollege, für wen schlachtest du?« Ernst zu nehmen war diese kleine Kabbelei nicht, doch Fried nahm sie sehr ernst, erklärte sie zur »Kainabelei«, zum »linkischen Schlachtfest« mit »schönen züngelnden Versen« und bot sich als Friedensstifter an: »Drum ruhig Blut Kollegen, nur ruhig Blut.« Alles Politische wurde ihm zum Anlass für ein Gedicht oder das, was er dafür hielt. Das Drama, das er letztens auf der Berliner Tagung zum Vortrag gebracht hatte, war so grandios durchgefallen, dass Richter ihn nach der vernichtenden Kritik hatte trösten müssen. *Delver macht die Erde wohnlich* war ein symbolistisch verklausuliertes Trauerspiel über das Ost-West-Verhältnis, das in der Tageszeitung *Die Welt* als »höchst bemerkenswert misslungen« gewertet wurde. So kehrte er reumütig zur Lyrik zurück, schraubte an den Worten herum wie ein Installateur an Heizungsrohren und freute sich kindlich darüber, wenn er ihnen neue Bedeutungen entlockte. Grass wurde ja oft als »Wortmetz« bezeichnet, aber doch nur deshalb, weil er als Steinmetz begonnen hatte und man dies Handwerk einfach auf seine Dichtungsarbeiten übertrug. Der wahre Wortmetz aber war Fried, ein Wortabklopfer und Wortezusammenfüger im Dienste der Aufklärung.

Fried hatte auch Weiss in Gedichtform verteidigen zu müssen geglaubt, als er ihm im Herbst 1965 aus dem Gefühl heraus zur Seite gesprungen war, Emigranten und Linke müssten zusammenhalten. In der Schwedischen Tageszeitung *Dagens Nyheter* hatte Weiss »10 Arbeitspunkte eines Autors in der geteilten Welt« veröffentlicht, mit denen er sich zum Sozialismus bekannte und – trotz mancher Vorbehalte – auf die östliche Seite stellte. Dieses Bekenntnis hielt er auch deshalb für erforderlich, weil die DDR zur Solidarität mit Nord-Vietnam aufgerufen hatte und ihm damit zu einem natürlichen Bündnispartner im Kampf gegen den Krieg der USA geworden war. Als Autor, der in Schweden lebte, hatte er das Gefühl, keine Wahl zu haben, als sich für eines der beiden Gesellschaftssysteme zu entscheiden. Einfach nur ein deutscher Autor zu sein, war nicht möglich in einer Welt, in der die deutsche Teilung die Teilung der Welt repräsentierte. Sich auf die Freiheit der Kunst und ihre Ortlosigkeit herauszureden, kam für Weiss nicht länger infrage, seit er jedes Wort, das er niederschrieb, politisch verstand. Allzu lange war er unentschieden und vage geblieben, eine Haltung, die er nun unerbittlicher Selbstkritik unterwarf. »Die Richtlinien des Sozialismus enthalten für mich die gültige Wahrheit«, lautete sein neues Bekenntnis, das ihm in der Bundesrepublik heftig um die Ohren geschlagen wurde, wo man ihn bis dahin als einen Autor wahrzunehmen gewohnt war, der vom Surrealismus und von der Psychoanalyse herkam und sich in Zweifeln und Unsicherheit verstrickte. Das wurde im

Westen geschätzt, im Osten aber als Beleg bürgerlich-individualistischer Rückständigkeit gesehen, eine Einschätzung, die Weiss sich nun zu eigen machte. Plötzlich also diese erschreckende Entschlossenheit, die Solidarisierung mit den »positiven Kräften dieser Welt«, die auch Richter erschreckte, weil sie, wie jede notwendig einseitige Entschiedenheit, die Zentrifugalkräfte innerhalb der Gruppe verstärkte und damit ihr Auseinanderbrechen näherrücken ließ. Richter hatte den Kommunismus hinter sich und tat einfach so, als hätte er Weiss' Programm übersehen. Die beiden sprachen nie darüber.

Fried wollte Weiss nicht alleine lassen, wollte aber auch Richter und dessen Ausgleichsbemühungen unterstützen. So entstand das Gedicht »Quo vadis«, gut gemeint und miserabel, in dem er all die Schön- und Schlechtfärber geißelte, die aus Peter Weiss einen Peter Rot oder Peter Schwarz machten oder gleich einen »Peter Verräter«. Doch damit verschaffte er sich lediglich den Spielraum, um sich, ohne unsolidarisch zu sein, von Weiss' Radikalismus abzusetzen. Geradezu messianisch endete Fried in allerhöchsten Tönen: »Sag wohin gehst du? / Wo alle Wege hinführen / zu segnen die Stadt und die Welt / keine Halbstadt und keine Halbwelt / oder wirst du zu Kreuze kriechen / vor halben Lügen / um einer Wahrheit willen / die von ihnen aufstehen soll?« Fried konnte nicht wissen, wie nahe er mit diesem Sag-Wohin-Pathos der im Princeton-Jahr gegründeten Singebewegung in der DDR kam, dem Agitations-Hit »Sag mir, wo du stehst – und welchen Weg du gehst«, diesem gar nicht so übel gelungenen Versuch des Barden Hartmut König, die amerikanische Folktradition eines Pete Seeger ins FDJ-haft-Heroische zu übertragen.

»Fried, Frieden, Friedenst«, schrieb Heinrich-Maria Ledig-Rowohlt als Widmung in ein Exemplar des *Almanach der Gruppe 47*, den er nach der Tagung, bei einem von ihm ausgerichteten Empfang in New York, Fried überreichte. Friedens-Fried war er den einen, Stören-Fried den anderen, ihm war beides recht und am liebsten beides zugleich: Am meisten störten doch die, die für den Frieden waren, in Moskau ebenso wie jetzt und hier in Amerika. Zwar behaupteten auch die, die Kriege führten, dass sie für den Frieden seien – wer ist das nicht? –, doch der Weg zum Frieden wäre nun mal der Krieg, notwendigerweise, und nur deshalb führten sie ihn. So sprachen sie schon immer, die Kriegstreiber, die Scharfmacher, die Feldherren, so sprachen sie schon bei Shakespeare, den Fried mit Freude und in der Hoffnung ins Deutsche brachte, die 170 Jahre alte, kanonisch gewordene Schlegel-Tieck-Übersetzung ablösen zu können.

Politisch sein, ohne damit unangenehm aufzufallen; Weiss verteidigen, ohne Richter zu brüskieren; Engagement demonstrieren und sich doch in den Gruppenkonsens einfügen, wonach es um Texte und nichts als Texte zu gehen habe, das war Frieds Position. Genauso waren seine Gedichte, die er selbst schon deshalb für gewagt hielt, weil im längsten von ihnen der südvietnamesische General Kỳ vorkam, der Hitler zu seinem Vorbild erklärt hatte, in der westdeutschen Presse aber trotzdem als

Freiheitskämpfer gegen die kommunistische Aggression des Nordens gefeiert wurde. Die Nennung des Generals geschah allerdings recht beiläufig, war nicht mehr als eine Erwähnung, so dass die Kritiker das, was Fried für kritisch hielt, gar nicht bemerkten. Ein Vietnam-Gedicht von Erich Fried? Nein, sagte dessen Verleger Klaus Wagenbach, das konnte es schon deshalb nicht gegeben haben, weil es ein Skandal gewesen wäre innerhalb der auf politische Abstinenz verpflichteten Gruppe. Aber vielleicht hörte das Kollektiv ja über lauernde Gefahren hinweg – und lauschte lieber den Glocken auf dem Campus.

Die Glocken läuteten noch, als erst Höllerer und dann Kaiser sich zu Wort meldeten. Höllerer hatte darunter gelitten, wie Fried Metaphern benutzte: wandte er keine an, war es zu wenig und das Gedicht blieb flach, wandte er welche an, hätte man sich gewünscht, er hätte es besser gelassen. Kaiser hatte einen Zweikampf zwischen Sprachspiel und Bedeutungsernst verfolgt, wo es, wenn das Spiel siegte, blind zu werden drohte, wo aber nur noch Leere übrig blieb, wenn der Ernst überhandnahm. Reich-Ranicki hatte wieder die Lacher auf seiner Seite, als er verkündete, Fried müsse wohl zwanzig Gedichte veröffentlichen, damit zwei gute darunter wären. Da sprang dann gleich der eifrige Karasek auf, um auch noch etwas zu sagen, was nicht falsch war: Er habe das Gefühl, als wisse der Autor immer schon vorher, was er hören wolle von der Sprache. Deshalb arbeite die Sprache nicht selbst, sie bleibe ohnmächtig.

»Ich glaube, wir haben keinen Fehler gemacht.« Der urteils-
sichere Joachim Kaiser ist sich auch in eigener Sache sicher.
In Hellmuth Karasek (links) reift ein Gedanke. Brillentech-
nisch war das Jahr 1966 seiner Zeit dagegen weit voraus.

Das traf. Ohnmacht war ein Vernichtungsurteil für
eine Lyrik, die aufrütteln wollte und Weltmissstände
auflistete im Glauben, sie zu benennen wäre bereits der
erste Schritt zu ihrer Beseitigung. Fried nutzte das Ge-

fühl, schrieb mit dem Verstand und zielte auf die Vernunft; so richtete er die Worte aus in Reih und Glied, immer auf ein Ziel hin, und das war immer richtig, und wenn er von Wahrheit sprach, mischten sich da keine Zweifel ein. Den Widerspruch, in den USA zu tagen, die man doch anklagen musste, und sich dort in der Rolle höflicher Gäste zu verheddern, hielt er aus. Dabei hatte er zunächst gezögert, als Richter ihn im Frühjahr 1965 mit ersten US-Überlegungen konfrontierte, und fragte erst einmal bei Enzensberger nach, was der von der Sache hielt, denn auf dessen Witterung war immer Verlass. Enzensberger fand, es sei besser mitzufahren und seine Meinung zu sagen, als wegzubleiben, und so gab Fried auf der Berliner Tagung im November 1965 zwar grundsätzliche Bedenken zu Protokoll, fuhr dann aber trotzdem mit, nachdem Richter ihm versichert hatte, Princeton wäre eine Stätte des Protestes gegen den Vietnamkrieg. Das sagte Richter zu allen, die ihn fragten, und vielleicht glaubte er es wirklich, so oft, wie er es wiederholte. Die Professorenschaft Princetons nahm dergleichen mit mildem Erstaunen zur Kenntnis; Studenten, die Sit-ins abhielten und zu Protesten aufriefen, konnten wahrlich kein Kriterium sein, die gab es doch überall.

6

Der 22. April 1966 war ein kühler Tag, bedeckter Himmel, diesiges Licht. Die Bäume zeigten erste Ansätze von grün, waren aber noch recht kahl, der Frühling kam in diesem Jahr spät nach Princeton. Einen Mantel dabeizuhaben schien ratsam, für alle Fälle, auch wenn er dann doch über den Arm geschlagen wurde. Die Nachrichten des Tages beherrschte der Gefäßchirurg Michael de Bakey, der in Houston, Texas, einem Patienten ein künstliches Herz einpflanzte, und nun fieberte die Nation, ob die Operation gelungen und der Patient noch am Leben wäre. In Südafrika war ein Korrespondent der *New York Times* des Landes verwiesen worden, der mit seiner kritischen Berichterstattung über die Apartheidpolitik das Missfallen der Behörden erregt hatte. Derartige Meldungen ließen die Tatsache in den Hintergrund treten, dass die USA ihr eigenes Rassenproblem hatten. Martin Luther King hatte erst einen Monat zuvor beim Chicago Freedom Festival den »inneren Kolonialismus« der USA angeprangert und Präsident Johnson aufgefordert, die Lebenssituation der schwarzen Amerikaner durch staatliche Hilfen zu verbessern. Doch der Präsident unterzeichnete stattdessen ein Hilfsprogramm für Indien, wo eine Hungersnot drohte. So konnte die Nation im Gefühl ihrer Wohltätigkeit den Krieg in Vietnam und die Unruhen im Inneren für einen Moment vergessen.

Der junge Rowohlt-Lektor Fritz J. Raddatz, der Ende

der fünfziger Jahre aus der DDR gekommen war, schwul, dandyhaft, sehr wach und sehr von sich überzeugt, war die Ausnahme, wenn er sich gleich nach der Ankunft ins Getümmel von Manhattan warf und lustvoll den vorherrschenden Stimmungen zwischen Protest und Pop-Art nachspürte. Uwe Johnson, der bereits im Jahr zuvor mit Grass eine kleine Lesereise in den USA absolviert, dabei allerdings als der weniger Bekannte unter einem Ruhmdefizit zu leiden gehabt hatte, blieb gleich für zwei Jahre in New York. Helen Wolff bot ihm eine Stelle im Verlag, weil sie als seine amerikanische Verlegerin der Ansicht war, er müsse aus seiner deutsch-deutschen Ost-West-Verhaftetheit mal herausgezerrt werden, und sorgte damit dafür, dass Johnson seine *Jahrestage* zwischen Mecklenburg und New York ansiedeln konnte. In den Kaffeepausen während der Tagung sah man ihn oft ganz allein im Auditorium verharren, versteckt hinter der aufgeschlagenen Zeitung, als würde er sich schon in der *New York Times* einlesen für seinen großen Roman, als dürfe er keine Zeit damit verlieren, als müsse er unentwegt Welt einsammeln und sich zugleich abschotten vor zu viel Nähe, indem er die Seiten wie einen Paravent entfaltete. Dass Raddatz dann berichtete, er bleibe »als Verlagsangestellter für ein Jahr in New York«, missfiel ihm jedoch gründlich, weil Johnson immer alles zurechtrücken musste, was über ihn geschrieben wurde. Der Verlagsdienst, den er da antrat, hatte wahrlich nichts mit Princeton und der Gruppe 47 zu tun.

Raddatz nahm auf, was sich bot, von der Warhol-

Schau im Haus der polnischen Kultur über eine Max-Ernst-Retrospektive im Jewish Museum bis zu den Songs von Bob Dylan und Joan Baez. Er schärfte seine Sinne für Reklame und Pop-Art und Agitprop, wusste, dass Norman Mailer Präsident Johnson »ekelerregend« fand, dass für Susan Sontag die Hauptaufgabe der amerikanischen Schriftsteller darin bestand, lautstark ihre Stimme zu erheben, dass Allen Ginsberg überzeugt war, in einem Polizeistaat zu leben und dass der Filmemacher José Rodriguez-Soltero erst vor ein paar Tagen in einem kleinen Kellertheater in Greenwich Village die amerikanische Flagge verbrannt hatte. Es pulste, es gärte im Land. »Pop! It's what's happening in art, fashion, entertainment, business«, verkündete das *Newsweek Magazine* mit einem grellen Cover in explodierenden Buchstaben wie aus einem Comic-Strip, und das hätte den Schriftstellern doch eigentlich eine Mahnung sein können.

Die deutschen Gäste aber konzentrierten sich auf sich selbst und ihr Mitgebrachtes, die Literatur. Sich für Pop und Tagespolitik zu interessieren, hätte bedeutet, die Türen zu öffnen, aber die mussten bei einer Tagung der Gruppe 47 definitionsgemäß geschlossen bleiben. Denn nur hinter geschlossenen Türen war Literatur ein geschlossenes System, relevant, konkurrenzlos, bedeutungshaft. Der massenzugängliche Pop zielte genau auf diese Geschlossenheit, und deshalb ist eine Lesung eben kein Popkonzert und eine Tagung der Gruppe 47 kein Festival. Allenfalls morgens beim Frühstück im Motel wurden Tageszeitungen durchgeblättert, doch dann fuhren schon die Busse vor. Im Gänsemarsch trabten die Herren in ihren grauen Anzügen hinaus – wo waren bloß die Frauen? –, die Mäntel locker über den Arm gelegt, die Hände in den Hosentaschen, Krawatten flatterten, dunkle Brillen wurden zurechtgerückt, und ihre Blicke richteten sich auf das riesenhafte Schild, mit dem das »Holiday Inn of Amerika« an der Interstate auf sich aufmerksam machte, und wo, als handle es sich um ein Kinoprogramm, in großen Lettern geschrieben stand: »Welcome Gruppe 47«. Nicht nur die Schilder waren größer in den USA, sondern auch die Gesten. Vielleicht wurden die deutschen Gäste dadurch sogar ein bisschen eingeschüchtert und gingen deshalb so schweigsam zu den Bussen, dunkel umrissene Gestalten wie Scherenschnitte. Auch Deutscher zu sein wurde größer und schwerer in Amerika, sie hatten zu tragen daran. Nur Jens redete gestikulierend auf den freundlichen Lenz ein. Höllerers sauber gescheitelte Colloquiumsjugend, die Berliner Friedrich Christian Delius, Klaus Stiller und Hans Christoph Buch versuchten, ein paar Worte zu erhaschen, und Peter Handke mit seiner albernen Schirmmütze hielt sich wie immer weit hinten, da hatte er im Blick, dass vor ihm wieder nichts geschah.

Die Busse fuhren durchs Zentrum von Princeton, die Nassau Street hinab, eine Einkaufsstraße mit kleinen Läden, hübsch und sauber und mit ganz unamerikanisch großzügigen Gehwegen, alles neuenglandhaft auf Tradition getrimmt, mit Fachwerk und Brickstones, weil Vergangenheit hier etwas Kostbares und Seltenes ist, das man ausstellen und vorzeigen muss, so dass alles, was älter als ein paar Jahrzehnte sein wollte, so aussah, als wäre es schon als Museum seiner selbst zur Welt gekommen. Dann bogen die Busse ab in den Campus, wo es normalerweise keinen Autoverkehr gab, sondern nur zwischen den Rasenflächen defilierende Studenten und Professoren. All die aus grauem Gestein herausgehauenen Gebäude mit Türmchen, kunstvollen Portalen und Efeubewuchs versuchten, eine falsche Gotik zu imitieren, ein falsches England und eine falsche Tradition. Normannenburg und romanische Kathedrale, Märchenschloss und pittoreskes Landhaus, Zuckerbäckermittelalter und abweisende Strenge – es war von allem etwas hineingemischt. Obwohl die Altehrwürdigkeit dieser kindlichen Märchenkulisse schon als solche gebaut worden war, entstand daraus doch etwas Würdevolles, Ehrfurchtgebietendes. War das Amerika? Wo waren sie hier?

Vielleicht begegnete den Schriftstellern auf dem Campus ein ausgezehrter älterer Herr mit dicker Brille, falls er sich an diesem Tag, in Schal und Wintermantel gehüllt, aus dem Haus gewagt hätte, obwohl er überall die lauernde Ansteckungsgefahr tödlicher Viren fürchtete. Kurt Gödel ging nur selten aus. Weil er fürchtete, vergiftet zu werden, aß er nichts als das, was seine Frau gekocht und vorgekostet hatte. Gödel, der größte Logiker des Jahrhunderts, war in den fünfziger Jahren noch mit Albert Einstein hier in Princeton spazieren gegangen. Einstein hatte behauptet, überhaupt nur deshalb das Institut zu besuchen, um nachmittags mit Gödel nach

Hause gehen zu können. Zwei Jahrhundertgenies im Gespräch. Gödel war der Einzige gewesen, der Einstein verstand und ihm auf dessen Niveau begegnete, ja ihn gewissermaßen überbot, indem er die Zeit nicht bloß relativierte, sondern gleich ganz abschaffte. Einsteins gesunder Appetit und Optimismus bildeten ein natürliches Gegengewicht zum Verfolgungswahn Gödels, der sich in besonders krisenhaften Momenten angstdurchschüttelt im Heizungskeller versteckte. Einstein war Gödels letzter Freund, nach Einsteins Tod zog er sich immer mehr zurück.

Was wäre gewesen, wenn sich auch nur einer der deutschen Schriftsteller für Gödel interessiert und den Kontakt mit ihm gesucht hätte? Gödel, der, obwohl kein Jude, seine Lehrerlaubnis verloren hatte, weil die Nazis offenbar der Ansicht waren, dass ein Mensch mit außerordentlicher Intelligenz Jude sein müsse. Gödel, der gedankenversunken genug gewesen war, um die Gefahr, in der er sich befand, gar nicht zu bemerken, der, längst im amerikanischen Exil gelandet, noch einmal nach Wien zurückkehrte und hinterher, nur mit Glück noch einmal entkommen, über den Alltag unter der Naziherrschaft nichts anderes zu sagen wusste als: Der Kaffee ist erbärmlich! Was wäre gewesen, wenn dieser naive Paranoiker, der an Gespenster glaubte und zugleich das Universum auf seine Wahrscheinlichkeiten hin durchgerechnet hatte, der Literatur begegnet wäre, wenn die Gruppe ihn gar eingeladen hätte? Vielleicht hätte man sich etwas zu sagen gehabt, denn die Zeitreisen, deren Möglichkeit

Gödel logisch bewiesen hatte, sind in der Literatur eine Selbstverständlichkeit. Gödel hielt jede Vergangenheit und jede Zukunft für erreichbar und wusste zudem, wieviel Energie nötig wäre, um dorthin zu gelangen. Der gekrümmte und gestreckte Kosmos verwandelte sich in seinen Berechnungen in ein Karussell, auf dem man mit dem richtigen Equipment durch die Epochen reisen konnte, was allerdings die Frage aufwarf, ob eine Zeit, in der Zukunft und Vergangenheit gewissermaßen räumlich zu denken wären und als jederzeit erreichbare Orte immer und ewig existierten, ob diese Zeit überhaupt noch zeitlich zu fassen wäre, oder ob sie aufgehört hätte, Zeit zu sein, beziehungsweise nie gewesen wäre, beziehungsweise nur in der beschränken Vorstellung des Menschen. Doch wenn es keine Zeit mehr gab – was sollte dann eine Zeitreise sein?

In der Literatur sind derartige Phänomene einfacher zu begreifen. Als Raumschiff dient die Phantasie, und Zeit bleibt Zeit. Die Vergangenheit ist für die künstlerische Vorstellungskraft ein offener Raum, in dem Geschichte im Erzählen entsteht. Ohne Geschichten und ohne Erinnerung gibt es keine Geschichte und also auch keine Vergangenheit. Ohne Literatur wäre das Weltall leer. Literatur schafft die Orte, in denen sie handelt, denn was denkbar ist, ist möglich, und alles Mögliche ist auch wirklich, meinte Gödel. Deshalb war seine Angst davor, vergiftet zu werden, durchaus begründet, denn auch das war ja immerhin möglich. So wie es möglich ist, fünfzig Jahre nach Princeton nach Princeton zurückzukehren

Walter Jens und Hans Werner Richter als Kleingruppe. Willkommen sind sie allemal.

und so wie Grass seine Erzählung über das Treffen der Barockdichter in Telgte dreizehn Jahre später mit den Sätzen beginnen lassen würde: »Gestern wird sein, was morgen gewesen ist. Unsere Geschichten von heute müssen sich nicht jetzt zugetragen haben. Diese fing vor mehr als dreihundert Jahren an. Andere Geschichten auch. So lang rührt jede Geschichte her, die in Deutschland handelt.«

Gödel hätte in der Literatur ein Universum entdecken können, in dem einander widerstreitende Wahrheiten möglich sind, nebeneinander, ohne sich gegenseitig zu dementieren. Diese Offenheit ist ja das Schöne an der Literatur. Gödels Unvollständigkeitssatz hätte umgekehrt den Schriftstellern ein Trost sein können. Gödel hatte bewiesen, dass es auch in hermetischen Systemen, selbst in der Logik und in der Mathematik Aussagen gibt, die nicht beweisbar und nicht widerlegbar sind, dass also alles, auch die Logik, zunächst auf Annahmen, ja auf Glauben gründet. Damit rückten die Welt der Beweisbarkeiten und die Welt der Erzählungen näher zusammen. Logik und Literatur waren Systeme, die auf unterschiedliche Weise auf Unbeweisbarkeiten beruhten. Es ist jedoch nicht überliefert, ob die Schriftsteller überhaupt wussten, dass Gödel existierte und dass er hier existierte und dass er womöglich gerade eben draußen vor der Whig Hall vorbeispazierte. Fragezeichendünn und krumm wie er war, ließ er sich leicht übersehen, und vermutlich war er ebenso sehr in seine Gedanken vertieft, wie die Schriftsteller der Gruppe 47 in ihre Tagung vertieft waren und nichts registrierten als ihre Lesungen und sich selbst. Ihr Autismus glich durchaus dem des Logikers, und also war es wahrscheinlicher, den entferntesten Punkt des Universums oder der Zeit zu bereisen, als dass Gödel und die Gruppe 47 sich begegnet wären. Wie blinde Gestirne, die einer Kollision nur knapp entgehen, rasten sie dicht aneinander vorbei. Außerdem bevorzugte Gödel Bücher von Walt Disney und hatte von der Gruppe 47 noch nie gehört. Und so ging auch die zufällig zeitgleich auf dem Campus stattfindende Tagung zum Thema »What's happening: The Arts 1966« an den deutschen Schriftstellern vorbei, wo sie immerhin den Architekten Peter Eisenman, den Avantgarde-Filmregisseur Gregory Markopoulos, Allen Ginsberg und Tom Wolfe hätten kennenlernen können. Nur Grass setzte sich nach dem langen Lesetag in der Whig Hall noch dort aufs Podium, um über »The Style of the Sixties« zu diskutieren, eine höfliche Geste, mehr nicht.

7

Princeton war ein Ort der Emigration. Nicht nur Gödel, auch der Kunsthistoriker Erwin Panofsky war hier heimisch geworden und hätte, 74 Jahre alt, durchaus noch Gast der Gruppe sein können. Hannah Arendt, 1959 für ein Semester Gastprofessorin und die erste Frau, die je hier lehrte, war mit Vorlesungen über Marx und politisches Denken in Erinnerung geblieben und dabei einmal Fidel Castro begegnet, der als junger Rebell und siegreicher Revolutionär einen Vortrag über den Geist der Revolution gehalten hatte. Arendt war von Richter zwar eingeladen worden, musste aber absagen, da sie während des Semesters in Chicago gebunden war. Hermann Broch hatte hier einst *Der Tod des Vergil* geschrieben, Erich Auerbach eine Einführung zu Pascal, Baudelaire und Flaubert gegeben, der Historiker Ernst H. Kantorowicz bis zu seinem Tod im Jahr 1963 gelehrt, und

Thomas Mann hatte sich 1939 ganz in der Nähe des Campus in einem prachtvollen Gebäude in der Stockton Street niedergelassen, wo er residierte, bis er nach Kalifornien weiterzog. In Princeton hielt er Vorlesungen, obwohl er sich gegenüber den Studenten in gespielter Bescheidenheit fast schon dafür entschuldigte, nicht Voltaire und auch nicht Cervantes zu sein, sondern bloß Thomas Mann, der über den *Zauberberg* sprach, doch das unerbittliche Gesetz der Zeitgenossenschaft bringe es nun einmal mit sich, dass sie mit ihm Vorlieb nehmen müssten. Tatsächlich aber sah er sich sehr wohl in einer Reihe mit Cervantes und den größten der Großen. Die Liste der Gäste, die ihm ihre Aufwartung machten, las sich wie ein Who is Who der deutschen Literatur im Exil.

Mann gehörte zur älteren Generation der Emigranten, von denen die 47er sich bei ihren frühen Zusammenkünften instinktiv abgewandt hatten. Zum Bruch mit der historischen Kontinuität und zum sprachlichen Neuanfang, den sie anstrebten, gehörte eine gezielte Ignoranz. Richter vertrat diese Politik offensiv, weil er als junger Mann in der Weimarer Republik die späteren Emigranten als streitsüchtige Polemiker erlebt hatte, die sich in wilden Fraktionskämpfen gegenseitig zerlegten, vor keiner persönlichen Diffamierung zurückschreckten und sich so gnadenlos zerfleischten, dass es für die Nazis schließlich ein Leichtes war, sie mit den eigenen Mitteln, der Diffamierung und der Polemik, wegzufegen. Daraufhin stritten und bekämpften sie sich im Exil weiter, als wären nicht die Faschisten die Gefahr, sondern die jeweiligen anderen Fraktionen der Linken. Gegenüber Raddatz führte Richter diese Geschichte aus und legte damit fast so etwas wie ein Glaubensbekenntnis ab: Er sei sich dieser Gegebenheiten nach 1945 voll bewusst gewesen, er wisse, das klinge überheblich, aber Raddatz dürfe nicht vergessen, dass Richter im Dritten Reich einem Kreis von Marxisten angehört habe, der sich zwölf Jahre lang mit den Ursachen der Niederlage von 1933 beschäftigt habe. »Meine Überlegung war, auf keinen Fall dürfen die Fehler wiederholt werden. Das war die eigentliche Ursache für die Entstehung der Gruppe 47. Deshalb versuchte ich eine Art Corpsgeist unter den linken Literaten zu züchten. Es ist zum Teil gelungen, was zum Nimbus der Gruppe 47 führte. Deswegen die Förderung einer Polemik, die der angelsächsischen sehr nahe kommt. Deswegen Kritik an den Texten, nur und ausschließlich an den Texten, und jede Vermeidung einer Grundsatzdiskussion, deswegen Kritik der Sachen, der Ideen, der Ansichten, bei Vermeidung der Kritik der Person. Persönliche Auseinandersetzung habe ich immer zu schlichten versucht, oder sie so behandelt, dass sie weder im politischen noch im literarischen Bereich Einfluss gewann.«

Ganz konsequent war Richter in dieser Haltung jedoch nicht immer gewesen. Zu Beginn der fünfziger Jahre hatte er sich durchaus um den Emigranten Hermann Kesten bemüht, der hierauf zu einer Tagung erschien und als gütiger, fast väterlicher Mentor aufgetreten war – eine Rolle, die Richter dann jedoch für sich reklamierte. Kesten, galizischer, jüdischer Herkunft, nur acht Jahre älter als Richter, aber vielleicht doch einer anderen Generation angehörend, war schon in den zwanziger Jahren als Lektor ein Förderer der jungen Literatur gewesen, und so hielt er es auch nach 1933 im Exil, erst in Frankreich, dann in den USA und schließlich in der jungen Bundesrepublik, die er, schon in Rom lebend, immer wieder besuchte. Doch obgleich er sich mit Richter durchaus einig darin war, »mit der gegenseitigen K.Z.-Unterdrückung ganzer literarischer Provinzen Deutschlands, mit der planmäßigen Krähwinkelei Schluss zu machen«, kamen sie über freundliche Annäherungen nicht hinaus. Kesten blieb ein einmaliger Gast, obwohl er erlebt hatte, dass es in der Gruppe vor allem um Literatur ging – und nicht um Ideologie. Dennoch misstraute er der Cliquenhaftigkeit und wäre als der Ältere gerne etwas mehr gewürdigt worden, als bloß Gast unter Gleichen zu sein.

Auch Walter Mehring hatte einmal eine Einladung Richters erhalten und war 1953 nach Mainz gekommen. Richter schätzte diesen aufgeklärten Demokraten und spitzzüngigen Ironiker als Vertreter einer literarischen Tradition, der er sich nah fühlte. Dass die Begegnung schiefging, lag nicht an ihm, Richter, sondern an dem jung-forschen Kaiser, der damals – frisch aus Adornos Seminar – seinen ersten Auftritt als Kritiker in der Gruppe zelebrierte und Mehrings »schlecht feuilletonistische« Schreibweise dermaßen filetierte, dass der bestürzt abreiste und nie mehr wiederkam.

Ähnliches widerfuhr Paul Celan, doch während Mehring unterhalb des literarischen Anspruchs hindurchschrammte, erfuhr Celan Ablehnung wegen des hochheiligen Tons, über den Grass sagte, man hätte während der Lesung Kerzen anzünden wollen. Tatsächlich hörte sich Celans Singsang seltsam an, doch es stimmt nicht ganz, dass dergleichen in der Gruppe 47 keine Chance gehabt hätte: Ingeborg Bachmann hatte ebenfalls einen feierlichen Ton angeschlagen und ihre Verse wie zerbrechliche Kostbarkeiten ausgestellt, hatte aber gleichwohl 1953 den Preis der Gruppe erhalten und war Everybody's Darling geworden. Jahre einer vergeblichen, gleichwohl intensiven Liebe zu Celan lagen damals hinter ihr; er beschäftigte sie stark und bis in einzelne Gedichte hinein, und auf ihre Empfehlung hin, so heißt es, habe Richter Celan überhaupt eingeladen. Dass aber selbst die »Todesfuge« durchfiel, bezeichnete Jens im Rückblick als das einzige Fehlurteil, das die Kritiker sich in der Gruppengeschichte vorzuwerfen hätten. Man muss dieses Versagen der Kritik und der Auffassungsgabe dennoch nicht als latenten Antisemitismus ausdeuten, wie es wohlmeinende Vergangenheitsbewältiger nachfolgender Generationen taten. Das gilt auch für Richters Gedankenlosigkeit, der beim Mittagessen bemerkte, Celans Stimme habe ihn an die Stimme von Joseph Goebbels erinnert. Er vergaß oder übersah dabei, dass Celan, Jude aus Czernowitz, dem Holocaust nur knapp entkommen war. Celan selbst sah sich in der Gruppe 47 nicht als Jude, sondern als Poet abgelehnt; die Neorealisten der

Nachkriegszeit lebten, wie Jens zu Recht bemerkte, literarisch in einer völlig anderen Welt. Und doch: Warum dann der Preis für Bachmann nur ein Jahr später?

Ein anderer jüdischer Emigrant, Wolfgang Hildesheimer, gehörte dagegen in den fünfziger Jahren zum innersten Kreis der Gruppe, hatte sich aber mehr und mehr separiert, nahm kaum noch an den Treffen teil und befand sich vielleicht schon auf seinem Weg in ein immer tieferes, allumfassendes Schweigen, das alle Sprache absorbierte, so wie ein schwarzes Loch im Universum das Licht, auch wenn ihm das noch nicht klar sein mochte. »Es gibt keine Geschichten mehr zu erzählen«, würde er viel später einmal sagen. »Es hat mir die Sprache verschlagen. Ich müsste wieder in die Vergangenheit tauchen, und da habe ich keine Figur, die mich heute noch so fasziniert oder über die ich in der Lage bin zu schreiben; und über die Gegenwart zu schreiben, wäre mir völlig unmöglich, denn die Gegenwart, die wir erleben, ist ja nicht die wirkliche Gegenwart. Wenn sie einen Gentechniker oder Astrophysiker fragen, wie seine Gegenwart aussieht, ist das eine ganz andere als die, über die wir schreiben. Wir schreiben über die Liebe, und in Wirklichkeit geht die Welt unter, verändert sich so, entwickelt sich alles zum Verhängnis, zum Verderben.« Vielleicht wäre Hildesheimer der ideale Gesprächspartner für Gödel gewesen, doch zu Richters Leidwesen hatte er die Teilnahme in Princeton nach langem hin und her und primärer Zusage schließlich doch abgesagt. Der Plan, gemeinsam mit dem Schiff anzureisen, hatte Hildesheimer noch zu ausufernden Recherchen sämtlicher Schiffspassagen motiviert, mehrere Briefe drehten sich um nichts anderes als die Frage, wann und wo und mit welchem Schiff die Überfahrt am günstigsten wäre. Doch dann waren ihm Zweifel gekommen, Geldsorgen dazu, Steuernachforderungen und der Kauf eines Hauses, das abbezahlt werden musste, bis, aus der Geldnot heraus, zunächst gruppendynamische Bedenken und schließlich politische Vorbehalte Gestalt annahmen. Er kenne ja nur noch ein Viertel der Mitglieder, was bei ihm Hemmungen produziere. Auch gäbe es in der Gruppe inzwischen so viele große Namen, die man in Amerika kenne, während er selbst dort ganz unbekannt sei; mit seinen bald fünfzig Jahren fühle er sich jedoch zu alt, um im Gefolge der Jüngeren, Berühmteren zu reisen, das wäre ihm ein bisschen peinlich. Auf dieser Empfindung gründete dann die Sorge, dass dem offiziellen Charakter eines Auslandstreffens zu misstrauen sei und dass der Eindruck vermieden werden müsse, die Gruppe wäre damit einverstanden, wenn man sie als Vertreter des geistigen Deutschlands betrachte. Erst als letzte Stufe der Bedenken kam die Eskalation des Vietnamkriegs ins Spiel, und so war er schließlich zu Hause geblieben, dabei fehlte einer wie Hildesheimer an diesem Exilort besonders.

Die Abgrenzung von den Emigranten war nicht so sehr eine Frage des Diskussionsstils und der literarischen Vorlieben, sondern vor allem ein Generationenproblem. Abgesehen davon, dass einer wie Thomas Mann sowieso niemals zu einer Gruppentagung erschienen wäre, um sich dort womöglich gar der Kritik zu stellen, wäre Richter – bei allem Respekt – auch nie auf die Idee gekommen, ihn einzuladen. Mann gehörte nicht zu ihnen – und wusste das sehr genau. Einmal äußerte er sich recht drastisch über die Gruppe. Anlass war ein Brief von Klaus Mampell, der als Genetiker erfolgreicher denn als Schriftsteller war. Mehrmals hatte er versucht, in der Gruppe 47 Fuß zu fassen, hatte zweimal gelesen, war zweimal durchgefallen und wurde von Richter nicht mehr eingeladen, weil der ihn nicht nur für literarisch schlecht, sondern, ohne daraus ein großes Geheimnis zu machen, außerdem für »strohdumm« hielt. Daraufhin hatte Mampell sich an Mann gewandt, wie ein Angestellter, der den Chef aufsucht, weil die Kollegen nicht nett zu ihm gewesen sind, und Mann schrieb ihm im Mai 1954 ein paar Zeilen, an denen Mampell sich für den Rest seines Lebens aufrichtete: »Das Benehmen der 47er bei Ihrer Vorlesung ist natürlich pöbelhaft bis zur Unglaubwürdigkeit, nur bei dieser Rasselbande möglich. Millionen des Schlages werden sich nun, mit hochstehender Währung reich versehen, reisend über die Welt ergießen und überall ihre dreiste Schnauze hören lassen.« Nun ja. Zwar tagte die Gruppe 47 damals, 1954, tatsächlich zum ersten Mal im Ausland, im italienischen Cap Circeo, doch von Weltergießung konnte wahrlich keine Rede sein, und das konnte es 1966 genauso wenig. Denn auch Princeton war nicht die Welt, obwohl Thomas Mann einst hier vorgetragen hatte, und was die Gruppe dort zuwege brachte, war allenfalls ein Betriebsausflug und ganz gewiss keine Eroberung.

Sie folgten ja bloß einer Einladung des Germanistikprofessors Victor Lange. Mit einem Empfang in dessen Haus hatte die Tagung am Vorabend begonnen. Als wollte er dem Gästebuch Thomas Manns nacheifern, hatte Lange ebenfalls eines ausgelegt, in das sich als Erster, wie es nicht anders sein konnte, Hans Werner, gefolgt von Toni Richter, eintrug. Gleich darunter gravierte Marcel Reich-Ranicki in weit ausholenden Schwüngen seinen bedeutenden Namenszug, für den er so viel Platz benötigte, dass ihm eine Zeile nicht ausreichte. Peter Bichsel schmiegte sich bescheiden in die entstandene Leerstelle, Hans Mayer und Siegfried Unseld hielten sich in einer Linie darunter, als wollten sie Reich-Ranicki lediglich unterstreichen, Fried krakelte sein Autogramm ungelenk wie ein Grundschüler, und so ging es fort, Seite für Seite pure Bedeutung. Autogramme sind nicht bloß Worte, sie bürgen für die Person, als enthielte der Name sie ganz, und weil er mit eigener Hand geschrieben worden ist, bezeugen sie die Anwesenheit zu einer ganz bestimmten Zeit an einem ganz bestimmten Punkt des gödelschen oder eines anderen Universums. Lange war stolz auf dieses Dokument, als er es am nächsten Morgen durchblätterte, wenngleich er nicht alle Namen entziffern konnte und neben den Berühmtheiten viele auch gar nicht kannte.

Die Liste war sein Gastgeschenk. Ohne ihn wäre der Ausflug nach Princeton nicht zustande gekommen. Lange, ein eher konservativer Charakter, dessen gediegene Erscheinung ein flüchtiger Blick leicht mit Theodor W. Adorno verwechseln konnte, hatte nicht nur die offizielle Einladung des German Department ausgesprochen, sondern sich auch um die Finanzierung gekümmert. Zunächst hatte er dem Universitätspräsidenten 5000 Dollar für die Verpflegung der Besucher entlockt und sich dann an Shepard Stone von der Ford Foundation gewandt. Richter hatte dort bereits antichambriert, sich in Berlin mit dem Präsidenten der Stiftung zum Mittagessen in den Börsen-Stuben getroffen. Möglich geworden war diese Begegnung durch Höllerers Kontaktbörse, der ihn telegrafisch herbeigerufen hatte, wichtiges Mittagessen, stopp, komm!

Lange konnte sich also auf dieses Treffen berufen, als er, nach einigen höflichen Bücklingen, sehr vorsichtig eine Spende von 10.000 Dollar, nur mal so als Überlegung, als Möglichkeit, vorbrachte. Stone quittierte das mit verächtlichem Schweigen, setzte dann aber zu einem kleinen Vortrag an: Es sei doch nicht damit getan, Gastgeber zu sein, man müsse die Gelegenheit nutzen, all den jungen Schriftstellern, von denen viele noch nie in Amerika gewesen wären und die das Land nur aus Erzählungen, aus Hollywoodfilmen oder aus dem Kriegsgefangenenlager kannten, weitere Begegnungen und Reisen zu ermöglichen, die Ford Foundation sei bereit, für derartige belebende Erfahrungen 50.000 Dollar ohne jeden politischen Hintergedanken zur Verfügung zu stellen. Damit waren die Reisekosten von achtzig Autoren gedeckt, und das Bedürfnis der Schriftsteller, keine staatliche Förderung in Anspruch zu nehmen, weder von deutscher noch von amerikanischer Seite, ließ sich hinreichend befriedigen.

Unseld hatte gegenüber Lange bereits angedeutet, dass dieses Bedürfnis nicht nach dem deutschen Reinheitsgebot aufgefasst werden müsse, dass es genüge, Geld aus einem Topf zu bekommen, der kein staatlicher Topf sei, auch wenn man nicht so ganz genau wisse, ob nicht doch vielleicht Staatsgelder in ihn eingeflossen wären. Schließlich muss ja jeder Topf erst einmal gefüllt werden, bevor er geleert werden kann. Richter hatte sich ebenfalls in diesem Sinne geäußert, und wenn die Ford-Foundation, wie man munkelte, vom CIA finanziert wurde, waren das keine Staatsgelder im engeren Sinn, aber besser war es, nicht so genau nachzufragen. Denn die Reise war eine Reise, und das wollten sie sich dann doch nicht nehmen lassen.

8

Inzwischen hatte Gerd Fuchs auf dem elektrischen Stuhl Platz genommen, ein Mann von 33 Jahren, der im vorigen Herbst in Berlin debütiert und dabei sein literarisches Gesamtwerk in einer Umhängetasche mit sich geführt hatte. Seine damalige Gefühlslage hatte er nicht vergessen: Als Neuling im Literaturbetrieb war er geschockt von der schieren Menge bedeutender Persönlichkeiten, deren Gesichter er von Bildern in Zeitungen kannte. Er ahnte, dass man einen solchen Ort nur als Sieger oder aber als Vernichteter verließ und wusste, dass er zu den Vernichteten gehören würde. Lenz tröstete vorsorglich schon am Abend zuvor, als Fuchs ein wenig zu oft mit Anna Grass tanzte. Weiss protestierte, weil Richter angeblich einen Redakteur von Springers *Welt* eingeladen hatte. Der Springer-Mann war er, Fuchs. Das konnte für seine Lesung nichts Gutes bedeuten, und er erinnerte sich mit Entsetzen an die drei Herren in der ersten Reihe, die sich währenddessen feixend und kichernd Zettelchen zuschoben und miteinander flüsterten. Trotzdem war er schließlich mit zwei Verlagsangeboten nach Hause gefahren und trat jetzt erneut in die Arena. Sein erster Erzählungsband war eben fertig geworden. Im kommenden Jahr, bei der allerletzten regulären Gruppentagung im Gasthof Pulvermühle, würde er als Redakteur des *Spiegel* teilnehmen und, wenn auch mit schlechtem Gewissen, die Anti-Springer-Resolution unterschreiben, die dort die Runde machte. Fuchs war auf dem Weg zum Doktor der Philosophie, zum DKP-Mitglied und zum freien Schriftsteller.

In dem leiernden Tonfall, der allgemein als adäquate Vortragsweise empfunden wurde, begann er zu lesen. Emotionslos buchstabierte er Wort für Wort auf gleichbleibender Tonhöhe und inszenierte den Vortrag so, als inszeniere er überhaupt nichts. Man befand sich ja auf einer Arbeitstagung, bei der es werkstattgemäß um das

Handwerk des Schreibens ging, und nicht auf einer Theaterbühne, auf der man zur Unterhaltung eines Publikums agiert hätte. Doch manchmal diente das Geleier auch dazu, den Leerlauf eines Textes hinter der Ödnis der Darbietung zu verbergen, weil die Zuhörer sich dann der Illusion hingeben konnten, dass ein lebendigerer Tonfall das Gehörte womöglich zum Leben erweckt hätte.

Richter versuchte, den Überblick zu behalten, aber selbst ihm war es nicht möglich zu sagen, wie viele sie eigentlich ganz genau waren. Etwa achtzig eingeladene Autoren und ein paar Autorinnen hatten zugesagt und ihre Reisekosten erstattet bekommen, von denen am Ende einunddreißig aus ihren Arbeiten gelesen haben würden, zweiundzwanzig davon Prosa, sieben Lyrik und zwei Dramatik, aber das nur am Rande und für die Statistiker. Dazu kamen nach gutem Brauch die Verleger und Lektoren und Kritiker, die Gattinnen nicht zu vergessen, soweit vorhanden. Aber all die amerikanischen Germanisten, teilweise von weit her angereist, standen nicht auf seiner Liste, ließen sich höflichkeitshalber aber auch nicht abweisen. Schlimmstenfalls wollten sie sogar lesen, um später durch die Gegend zu laufen und sich »Mitglied« zu nennen, so wie dieser Mampell, an den zu denken ihm die Galle hochkommen ließ. In den Anfangsjahren war es ihnen noch gelungen, unter sich zu bleiben in ihrer jeweiligen Abgeschiedenheit. Doch allmählich war die Gruppe immer größer geworden, die Tagungen hatten sich zu nationalen Ereignissen hochgeschaukelt, wo Verleger und Lektoren darum kämpften, die Besten gleich für sich zu vereinnahmen oder ihre eigenen Autoren im Licht der Öffentlichkeit zu platzieren, denn um Öffentlichkeit handelte es sich schon deshalb, weil die Eingeladenen, die Kritiker vor allem, hinterher darüber berichteten, so dass zwischen intimer Zusammenkunft und Außenwirkung nicht mehr zu unterscheiden war. Und nun, im Ausland, ließ sich ein weiteres unkontrolliertes Anschwellen nicht vermeiden, Zugangskontrollen erwiesen sich als zwecklos, Richter musste es dulden, dass die Tagung ein internationales, beobachtendes Fachpublikum bekam und dadurch ihren Charakter veränderte, denn Gastgeber war letztendlich nicht er, sondern Victor Lange vom German Department. Da tendierten die Lesungen eben doch dazu, sich in Auftritte zu verwandeln, und die Kritiker sonnten sich noch mehr im Glanz ihrer rhetorischen Fähigkeiten, als sie das sowieso schon taten. In den Kaffeepausen fragten unbekannte Herren, die ein Gespräch eröffnen wollten, mit amerikanischem Akzent: »Lesen Sie?« – eine Frage, die im Kontext der Gruppe nicht etwa transitiv auf Lektürevorlieben zielte, sondern intransitiv zu ergründen suchte, ob es sich beim Gesprächspartner um einen deutschen Dichter, um einen Vorlesenden gar, handele und die in aller Regel ausweichend beantwortet wurde.

Der junge Delius, Verlagslektor aus West-Berlin, wusste noch nicht einmal, ob er eines Tages Schriftsteller sein würde, auch wenn er ein Vietnam-Gedicht in der Brusttasche mit sich herumtrug und hoffte und zugleich fürchtete, von Richter aufgerufen zu werden. Ob es ihn beruhigt hätte zu wissen, dass er eines noch sehr fernen Tages den Büchner-Preis erhielte? Immerhin: Die Tatsache, von Richter eingeladen worden zu sein, machte aus ihm schon etwas mehr einen Schriftsteller. Die Einladung war wie eine offizielle Beglaubigung für die Jüngeren in ihrer prekären Berufsidentität; die Eintrittskarte in den Literaturbetrieb war sie allemal. Drei Tage würden sie zusammensitzen, drei Tage im Leben so vieler Schriftsteller, die sich in den unterschiedlichsten Phasen ihrer unterschiedlichen Biografien befanden und nicht wussten, was sie einmal sein und was von ihnen bleiben würde. Werke waren bereits entstanden oder würden erst entstehen, andere würden nie geschrieben werden und als Pläne in Schubladen verschwinden, die Zusammenhänge waren unklar, die Lebensläufe wie alle Zukunft ungewiss. Doch all das Ungreifbare, das sie ausmachte, verknotete sich in diesem Augenblick, in dieser kurzen Gegenwart, in der sie sich über ihre Texte beugten und so taten, als hinge alles davon ab, das Gelungene in seiner Gelungenheit zu durchschauen und das Misslungene zu kritisieren und abzuweisen aus dem Kontext der literarischen Möglichkeiten. Denn alles was war und was sein wird, entscheidet sich in der Gegenwart, die sich aber nicht festhalten lässt. Gödel hätte ihnen das erklären können.

Reich-Ranicki, der missbilligend die Stirn runzelte und sich die Glatze rieb, war noch nicht der Literaturpapst, zu dem ihn die Fernsehnation einmal ernennen würde, sondern Kritiker der *Zeit*. Aber er übte schon für die spätere Rolle, er war auch in der Gruppe 47 der Fernsehkritiker – nur ohne Fernsehen: Der Wille, berühmt zu werden, war ihm anzumerken. 1958 war er, ein jüdischer Überlebender des Warschauer Ghettos, in die Bundesrepublik gekommen und nicht gerade mit offenen Armen empfangen worden. Lenz war einer der wenigen, die sich in Hamburg um ihn gekümmert und ihm die Freundschaft angetragen hatten, vielleicht aus alter polnischer Verbundenheit heraus, aber Lenz war ja sowieso ein Freundschaftsgenie. Er hatte nur Freunde, keine Gegner oder Feinde, und wenn Heißenbüttel das Bonmot prägte: »Versuchte man den Durchschnitt aller Stile der Autoren der Gruppe 47 zu bilden, käme der von Siegfried Lenz heraus«, dann konnte Lenz sogar dazu noch zustimmend nicken und die Gemeinheit als Freundlichkeit empfinden.

Reich-Ranicki hatte eine Leidenschaft für die Literatur zu bieten, die nicht bloß den saisonalen Impulsen eines Kritikers entsprang, seit ihm das Lesen einst zu einem Überlebensmittel in der Isolation geworden war. Doch in der Gruppe gab es starke Vorbehalte gegen ihn, weil er allzu emotional auf Texte reagierte und zwischen Begeisterung und Totalverriss nur wenige Zwischentöne kannte. Er war sicher kein Differenzierungsvirtuose, sondern eher ein Grobmotoriker des Urteilens, aber gerade die Neigung zur Deutlichkeit würde – gepaart mit seiner Leidenschaftlichkeit und seiner Lebensgeschichte – dazu führen, dass er einmal der berühmteste aller deutschen Kritiker werden würde. Peter Weiss, schräg

Marcel Reich-Ranicki teilt mit, dass er sich mal wieder sehr gelangweilt habe, ohne es interessant finden zu können.

hinter Reich-Ranicki sitzend, war mit seinen Theaterstücken zwar bereits berühmt geworden, doch es würde noch fast zehn Jahre bis zum ersten Band der *Ästhetik des Widerstands* dauern, die zu seinem Hauptwerk werden sollte, zehn Jahre, die gefüllt waren mit Anfeindungen aus Ost und West wegen seiner Haltung zum Sozialismus, den er reformieren, demokratisieren, weiterentwickeln wollte – über dessen traurige Realexistenz hinaus und ohne zu wissen, dass das alles vergeblich sein würde, weil das sozialistische Lager noch einmal zehn Jahre später im Versuch der Erneuerung zerbrechen würde. Aber da wäre er selbst auch schon tot. Grass dagegen, noch keine vierzig Jahre alt, hatte die *Blechtrommel* längst geschrieben und bewirtschaftete nun von Buch zu Buch seinen Ruhm, während er insgeheim auf den Nobelpreis hoffte, der aber noch dreiunddreißig Jahre auf sich warten lassen würde. Lenz, der immerzu an seiner ewigen Pfeife saugte und Rauchwolken ausstieß und eigentlich nie etwas sagte, arbeitete an der *Deutschstunde*, die zwei Jahre später zu einem Bestseller und alsbald Schullektüre werden würde. Handke war noch völlig unbekannt, würde das aber bereits hier in Princeton zu ändern wissen, und wenn Richter in den Monaten danach der Ansicht war, dass der Name Peter Handke, den er sich gerade erst eingeprägt hatte, in zwei Jahren vergessen sein würde, irrte er sich gründlich; vermutlich ist es Richter, der schneller als Handke vergessen sein wird im gödelschen Universum. Handke wurde ja nicht deshalb zu einer unverzichtbaren Stimme der deutschen Literatur, weil er in Princeton für einen Eklat sorgte, sondern weil er Jahr für Jahr und Buch um Buch ein Werk wachsen ließ, so wie ein Baum seine Ringe ansetzt. Damit wuchs auch er selbst und verwandelte sich von dem verklemmten Holzklotz und arroganten Jungschnösel, den er hier gab, in einen immer schöneren und lebendig alternden Mann, der ganz und gar in und mit der Sprache existierte. Handke würde dann überhaupt nur noch schreibend denkbar sein, als einer, der im Grunde keine Bücher schrieb, sondern das Schreiben als endlose Bewegung erlebte. Das aber war in Princeton beim besten Willen noch nicht zu erahnen. Jens, der mit gefalteten Händen zuhörte, konnte nicht wissen, dass er am Ende seines Lebens sich selbst vergessen haben und diese seine Demenz ihm eine letzte, traurige Berühmtheit verleihen würde, nachdem er jahrzehntelang zusammen mit seiner Frau Inge – auch sie saß in Princeton im Auditorium als eine der von Richter angepriesenen Germanistinnen-Gattinnen – Buch um Buch über die Familie Mann verfasst haben und damit zum Bestsellerautor geworden sein würde. Dann würde er als Gespenst seiner selbst durch Tübingen irren und sich an einem Leberkäswecken erfreuen wie ein kleines Kind. Fünfzig Jahre nach Princeton würden die meisten von ihnen tot sein. Viele wären vergessen oder bloß noch Namen auf vergilbtem Papier. Nur die Vertreter der jetzt gerade jungen Generation hätten eine gute Chance, noch da zu sein und als Zeitzeugen aufzutreten, falls ihnen das nicht zu blöde wäre, weil sogenannte Zeitzeugen immer etwas Dümmliches an sich haben, schließlich ist es kein Verdienst, irgendwann irgendwo dabei gewesen zu sein, und die Tatsache des Dabeigewesenseins besagt nichts darüber, ob man auch etwas begriffen hat, im Gegenteil.

Die Welt ist so eingerichtet, dass die Generationen einander ablösen, wenngleich das selten reibungslos verläuft, und so war es auch hier, in der Gruppe. Alle, so wie sie da saßen, waren ganz und gar auf sich bezogen, auf ihr Schreiben, ihr Werk, ihren Selbstentwurf, und dabei wussten sie alle so wenig über sich, weil die Menschen nun einmal nicht viel über sich wissen, weil sie ihre künstlerische Kreativität entgegennehmen als Wille und Wunder und über den Augenblick nicht hinausschauen können. Erst viel später nennen sie das, was war, Geschichte, so wie ihre Zusammenkunft in Amerika dann historisch sein würde. Aber dieser Moment, den sie so wenig durchschauten wie ihre Leben, ließ doch die vielfältigen Möglichkeiten der Literatur aufleuchten, obwohl es hinterher heißen würde, Princeton sei eine der schwächeren, ja eine geradezu matte Tagung gewesen, geprägt durch Jetlag-Müdigkeit, drei Tage Mittelmaß und ein paar politische Erregungen am Rande. Und doch würde Princeton dann »historisch« sein. Warum bloß, wo kam das her?

Bei Fuchs ging es schon wieder um einen Gerichtsprozess, doch Fuchs bezog sich nicht, wie Jens, auf eine konkrete historische Situation, sondern schrieb in ein abstraktes Vakuum hinein. Er stellte einen Taubstummen vor Gericht, der außerdem noch Analphabet war und deshalb unerreichbar blieb für jegliche Kommunikation. Man erfuhr auch nicht, welches Verbrechens er angeklagt wurde. Zwanzig Jahre dauerte der Prozess bereits, zwanzig Jahre, in denen der Angeklagte nicht alterte, bis eine seltsame Maschine in seiner Zelle zu arbeiten begann und ihn einem plötzlichen Alterungsschub aussetzte. Das klang nach Kafka, krankte aber, wie ein

Reinhard Lettau ist mit Rauchen beschäftigt und kann nicht
erkennen, wie Hans Magnus Enzensberger hinter ihm sitzt
und schaut: ein wenig spöttisch, ein wenig ungläubig, dabei
hochkonzentriert und immer auf der Höhe des Augenblicks.

Kritiker sich zu bemerken nicht verkneifen konnte, daran, dass der Autor nicht Kafka war. Außerdem war die
große Zeit der Kafka-Epigonen, in denen sie alle reihum
wie Kafka zu schreiben versucht hatten, doch eigentlich
vorbei. Hildesheimer hatte schon in seinen *Lieblosen*
Legenden 1952 eine kleine Satire mit dem Titel »Ich
schreibe kein Buch über Kafka« vorgelegt, weil schon
damals kein Aspekt mehr übrig geblieben war, im Lichte
dessen Kafka noch einmal auf überraschende Weise zu
deuten gewesen wäre, und wer zu spät kam, den bestrafte
auch damals die Literaturgeschichte.

Karasek konnte in Fuchs' Geschichte keinen Sinn entdecken, Jens hielt sie für radikal misslungen, Reich-Ra-

nicki zeigte sich gelangweilt, Baumgart fand nichts als Klischees und Phrasen, bis dann, damit vielleicht doch noch etwas Sinnvolles gesagt wäre, im Saal die Frage aufkam, ob es sich eventuell um eine historische Allegorie handeln könnte. Ein seit zwanzig Jahren andauernder Prozess hatte von Mitte der sechziger Jahre aus gerechnet 1945 begonnen, und das konnte doch kein Zufall sein, obwohl es bei Fuchs keine Zeitbestimmungen gab. Um auf diese Idee zu kommen, musste man wahrlich keine gödelsche Zeitreise antreten, denn die deutsche Geschichte war deutsche Gegenwart. War es denn überhaupt möglich, ein derartig überhöhtes Gericht in einer deutschen Erzählung nach 1945 auf etwas anderes zu beziehen als auf die Nazivergangenheit, acht Monate nachdem der erste Auschwitzprozess in Frankfurt am Main zu Ende gegangen war und Peter Weiss mit der *Ermittlung* die Gerichtsförmigkeit der deutschen Schuld theater- und weltliteraturtauglich gemacht hatte?

9

Der Auschwitzprozess hatte tiefe Spuren im öffentlichen Bewusstsein der Bundesrepublik hinterlassen. Die Nürnberger Prozesse der Alliierten gegen die verbliebene NS-Führerschaft direkt nach dem Krieg konnten von vielen im Land noch als Siegerjustiz abgetan und abgewehrt werden; der Jerusalemer Eichmannprozess im Jahr 1961 löste zwar weltweites Interesse aus und führte die Beobachterin Hannah Arendt zu ihrer These von der »Banalität des Bösen«, doch in Israel verurteilte gewissermaßen das Volk der Opfer einen Repräsentanten der Täter, einen Bürokraten des Massenmordes, der vom Schreibtisch aus operiert hatte. Das war in Frankfurt anders. Zum ersten Mal richteten deutsche Richter über Nazi-Schergen, und es standen die Handlanger vor Gericht, Männer, die eigenhändig gefoltert und getötet hatten. Angeklagt waren die Adjutanten des Lagerkommandanten, Mulka und Höcker, der SS-Apotheker Capesius neben mehreren SS-Ärzten, Rapportführer Kaduk, Boger von der Lager-Gestapo und andere, deren Namen Weiss in der *Ermittlung* benutzte und sie so zu Synonymen für Grausamkeit, Stumpfheit und blinde Pflichtvergessenheit machte. Die Zeugen, die die Konfrontation mit ihren Schindern kaum ertrugen, ließ er als anonyme Vertreter eines zeitlosen Chores auftreten. So blieben die Taten historisch konkret und an die Personen und an den Ort gebunden; die Unterdrückten aber, die Gefolterten und Ermordeten, erhoben ihre Stimmen als zeitloses Kollektiv gegen die immerwährende Gefahr der Barbarei. Weiss wollte keine Rekonstruktion des Prozesses vorlegen – denn dafür gab es die Akten –, sondern ein »Konzentrat in der Aussage«. Er verdichtete das Gehörte, rhythmisierte die Sprache, ordnete die Vernehmungen und fasste sie thematisch so zusammen, dass eine Abfolge von Bildern und Auftritten entstand, ein Oratorium in elf Gesängen, die in sich noch einmal dreigeteilt waren.

Damit glich die Struktur dieser furchtbaren Totenklage absichtsvoll Dantes *Göttlicher Komödie*.

Im März 1964 hatte Weiss den Prozess zum ersten Mal besucht, sein Stück schloss er noch vor der Urteilsverkündung im August 1965 ab, denn es ging ja nicht darum, wie viele Jahre welcher Angeklagte erhalten würde und schon gar nicht um die Dokumentation der Urteile. Diese Taten ließen sich durch keine Strafe und keine noch so lange Haft sühnen. Den industriellen Massenmord vor Gericht zu behandeln, indem man einzelne Beschäftigte der nationalsozialistischen Tötungsindustrie verurteilte, war im Grunde ein vergebliches und hoffnungsloses Unterfangen, und doch musste es so geschehen, obwohl der Prozess und jedes mögliche Urteil angesichts der Ungeheuerlichkeit von Auschwitz nur symbolisch sein konnten.

Weiss hatte, um zu einem eigenen Urteil zu finden, eine Reise dorthin unternommen und dann von »meiner Ortschaft« gesprochen, weil es, wie er schrieb, die Ortschaft war, »für die ich bestimmt war und der ich entkam«. Keine andere Beziehung habe er zu Auschwitz, als dass sein Name auf der Liste derer stand, »die dorthin für immer übersiedelt werden sollten«. Doch nun kam er »aus freiem Willen« und »zwanzig Jahre zu spät«, und als er im Krematorium stand, gelang es ihm nicht, etwas Brauchbares zu empfinden und zu erfassen, was all den Menschen, die hier ermordet worden waren, widerfahren ist. Ohne Gedanken stand er dort, nichts als ein Frösteln registrierend, und dass die Öfen kalt und die

Wagen verrostet waren. Bei seinem Gang über das Gelände kam er auch in jenes Zimmer, in dem ein Holzgestell mit einer Eisenstange stand, an der die Häftlinge mit Füßen und Händen festgebunden worden waren, während man mit einer Peitsche auf sie einschlug, und zwar vorzugsweise auf die Hoden. Dieses Gerät hatte der Angeklagte Wilhelm Boger erfunden. Nach ihm wurde es »Boger-Schaukel« genannt.

Von den Millionen Menschen, die in den Vernichtungslagern zugrunde gegangen waren, war nichts übrig geblieben als die totale Sinnlosigkeit ihres Todes, schrieb Weiss, und es war diese Sinnlosigkeit, die es auszuhalten galt, denn an diesem Ort des finstersten Nihilismus gab es nichts mehr, was ihr entgegengesetzt werden konnte. Was übrig blieb, war in Schweigen und Erstarrung verfallen. Weiss kam als Lebender, und vor Lebenden verschloss sich, was hier geschehen war. Ein Lebender komme aus einer anderen Welt, schrieb er, »er besitzt nichts als seine Kenntnisse von Ziffern, von niedergeschriebenen Berichten, von Zeugenaussagen, sie sind Teil seines Lebens, er trägt daran, doch fassen kann er nur, was ihm selbst widerfährt«. Ebenso erging es den Besuchern im Frankfurter Prozess: Sprachlos gegenüber den Taten, die hier verhandelt wurden, blieben sie doch Beobachter und nüchterne Berichterstatter von Ereignissen, von denen sie, auch wenn sie monatelang zuhörten, keine Ahnung haben konnten. *Die Ermittlung* war ein Versuch, diesen Abgrund, der sich zwischen dem Wissen und der Erfahrung auftat, zu überspringen. Das Dokumentarische erhob sich zum Oratorium. Diese »Gesänge« aus nichts als Prozessprotokollen waren die einzige künstlerische Form, in der Weiss die Annäherung an Auschwitz möglich schien. Doch nach der Uraufführung am 19. Oktober 1965 – zeitgleich an fünfzehn verschiedenen west- und ostdeutschen Bühnen – wurde genau darüber gestritten. Lieferte dieses Stück sein Publikum nicht an eine Übermacht der Fakten aus, gegen die es sich nicht wehren konnte und die keine Freiheit für eigenes Denken mehr ließ? Das war Kaisers Argument, der nun, in der Phalanx der Kritiker gut aufgehoben, seinen schönen Kopf leicht schräg neigte. Aber genau das war der entscheidende Punkt: Vor Auschwitz als Gegenstand des Theaters war keine Freiheit mehr möglich und auch kein erbaulicher Genuss ästhetisch geschulter Theatergänger mit kritischem Urteil. Hier gab es nur noch die Sache als solche und die Form, in der sie erschien, und niemand sollte sich ihr entziehen können. Paul Celan dichtete:

Ein Dröhnen: es ist
die Wahrheit selbst
unter die Menschen
getreten,
mitten ins
Metapherngestöber.

Und, weil die Sprache der Wahrheit nie genügen kann, finden sich bei ihm auch die ins Stammeln verfallenden Verse:

Käme,
käme ein Mensch,
käme ein Mensch zur Welt, heute, mit
dem Lichtbart der
Patriarchen: er dürfte,
spräch er von dieser
Zeit, er
dürfte
nur lallen und lallen,
immer-, immer-
zuzu.

Dass die bestialischen Phantasien, die Menschen ver-
wirklicht hatten, vor Gericht zur Sprache kamen, machte die Schockwirkung des Prozesses aus. Das war kein
abstraktes Schuldbekenntnis, sondern eine Dokumentation des Grauens – und das nicht erst auf der Theaterbühne des weissschen Dokumentartheaters, sondern
schon direkt, vor Ort, im Gerichtssaal. Auch Walser gehörte dort zu den regelmäßigen Besuchern, und wenn
Weiss als Sohn jüdischer Eltern im schwedischen Exil
mit gutem Grund von »seiner« Ortschaft sprach, dann
setzte Walser dem »Unser Auschwitz« entgegen und
meinte mit diesem »Wir« die Gesamtheit der Deutschen,
die in dieser Geschichte stehen und nicht anders können,
als sie als ihre Geschichte anzunehmen. Damit plädierte
er keineswegs für eine Kollektivschuld, aber doch für
eine kollektive Verantwortlichkeit, die jeder Einzelne mit
sich auszumachen hatte. Es war gar zu einfach, die An-

geklagten als »Teufel von Auschwitz« zu dämonisieren, wie es in der Presse geschah, und sie so als Wesen von sich abzutrennen, die aus der menschlichen Gattung herausfielen. »Je scheußlicher die Einzelheit, desto genauer wurde sie uns mitgeteilt«, schrieb Walser in Enzensbergers *Kursbuch*. »Je unfassbarer das Detail, desto deutlicher wurde es uns beschrieben. So ist unser Gedächtnis jetzt angefüllt mit Furchtbarem. Und je furchtbarer die Auschwitz-Zitate sind, desto deutlicher wird ganz von selbst unsere Distanz zu Auschwitz. Mit diesen Geschehnissen, das wissen wir gewiss, mit diesen Scheußlichkeiten haben wir nichts zu tun.«

So setzte Walser gegen die Folklore der Grausamkeiten, wie sie auch im Gerichtssaal betrieben werden musste, den nüchternen Blick auf das System der Vernichtung: »Auschwitz ist überhaupt nichts Phantastisches, sondern eine Anstalt, die der deutsche Staat mit großer Folgerichtigkeit entwickelte zur Ausbeutung und Vernichtung von Menschen«, schrieb er. »Man muss sich die Todesfabrik vorstellen ohne die Requisiten und Eigenschaften, die jetzt den Angeschuldigten vorgeworfen werden: also ohne Kaduks Bergsteigerstock; ohne Bogers Schaukel, ohne Broads Wunsch, die hübscheren Frauen zuerst erschießen zu lassen; (…) Auschwitz ohne diese ›Farben‹ ist das wirklichere Auschwitz. Selektion an der Rampe, Transport in die Kammern, Zyklon B, Verbrennungsöfen. Und: wer nicht ermordet wird, arbeitet bei Krupp, bei der I.G., bis er daran stirbt oder auch ermordet wird. Das ist das Betriebssystem. So wurde es von den Idealisten des Nationalsozialismus entwickelt.« Das Individual-strafrecht blickte auf die blutigen Hände der Täter. Doch wer nur dorthin blickt, läuft Gefahr, nichts zu verstehen von den Bedingungen, unter denen der Einzelne handelt und schuldig wird. Und doch gab es juristisch gesehen keine Alternative dazu.

Aus dieser Perspektive heraus musste Walser auch Weiss' Bemühen ablehnen, die Ereignisse als dantesches Inferno zu stilisieren. Wenn, wie Weiss geschrieben hat-te, der millionenfache Tod vollkommen sinnlos war und nichts hinterließ, dann konnte er kein Inferno sein. Im Inferno, so Walser, »werden schließlich die ›Sünden‹ von ›Schuldigen‹ gesühnt. Dem Inferno folgen immerhin noch Purgatorio und Paradiso. Die Menschen in Ausch-witz wären grauenhaft überfragt gewesen, wenn sie ei-nem durchwandelnden Dante hätten die Sünden aufsa-gen sollen, um derentwillen sie da gequält wurden. Und ihrer Qual folgte lediglich die Vernichtung.« Da hatte Walser etwas getroffen, denn während Weiss bei seinem Besuch in Auschwitz noch die Sinnlosigkeit all dieser Tode festgestellt hatte, so war die *Ermittlung* eben doch ein Versuch, durch die Form des Oratoriums und die ins Feierliche erhöhte Sprache so etwas wie einen Sinn da-gegenzusetzen.

10

Walser kam nicht nach Princeton, Weiss schon, und
wenngleich er dort nicht aus der *Ermittlung* las, so
brachte er doch das Thema mit, es lag in der Luft, es ließ
sich nicht verschweigen – auch dann nicht, wenn nicht
darüber gesprochen wurde. Und in der Gruppe 47 wurde
nicht darüber gesprochen: An der Vergangenheit wollten
sie nicht rühren, die ließ man ruhen, indem man ihr das
gewachsene demokratische Bewusstsein entgegensetzte.
Die Regel, nur über einzelne Texte, nicht aber über allgemeine Themen debattieren zu dürfen, galt auch da.
Reich-Ranicki saß ein paar Reihen vor Weiss, der das
kahle Haupt des Kritikers betrachten konnte und sich an
dessen Aufruf in der *Zeit* erinnerte, den er mit leichter
Verärgerung wahrgenommen hatte. 1964 war das gewesen, als Weiss unentwegt mit Auschwitz beschäftigt gewesen war und bereits mit der Arbeit an der *Ermittlung*
begonnen hatte. Ohne die Schriftsteller und die Literatur
auf irgendetwas verpflichten zu wollen, hatte Reich-Ranicki gefordert, dass sie diesen Prozess zur Kenntnis
nehmen, ihn besuchen und beschreiben möchten. Es
war eine Variante des ewigen Feuilleton-Klagelieds mit
dem Titel »Warum schweigen die Intellektuellen?«, allerdings in diesem konkreten Fall nicht ganz unberechtigt,
schließlich hatte der Prozess schon 1962 begonnen, und
von den Schriftstellern war dazu noch nicht viel zu hören gewesen. Nun aber hatte Horst Krüger den Bann mit
einem – wie Reich-Ranicki fand – ausgezeichneten Bei-

trag gebrochen und darin erklärt, warum es wichtig war, den Gerichtssaal aufzusuchen: »Es ist eine letzte Chance … Es ist eine unwiederholbare Möglichkeit, die Vergangenheit in Fleisch und Blut, der Geschichte in ihren Akteuren zu begegnen, die Täter und ihre Opfer nicht als Standbilder des Schreckens oder des Leidens, sondern als Menschen wie du und ich. Ich will dieses Drama der Zeitgenossen sehen, bevor es in den Abgrund der Geschichte versinkt. Nach dieser Prozesswelle wird der Vorhang der Zeit für immer geschlossen.«

Seltsam, dass die Furcht vor der Geschichtsvergessenheit von Anfang an das zähe Erinnern begleitete und bald schon gebetsmühlenhaft wiederholt werden würde. Der Auschwitzprozess war ja kein Ende, sondern vielmehr der Anfang der kollektiven Auseinandersetzung mit der deutschen Schuld. Der Vorhang der Zeit bewegte sich zwar, doch wurde er auf- und nicht zugezogen. Zeitgenossen wie Krüger erkannten die Bewegung, konnten aber die Richtung nicht deuten, und so sorgte sich Reich-Ranicki mit gutem Grund. Koeppen, auf dessen nächsten Roman er respektvoll und geduldig wartete, wäre einer gewesen, dessen Bericht er gerne gelesen hätte. Oder Johnson, von dem er aber wusste, dass ihn andere Themen faszinierten und der in Princeton ausdauernd schwieg. Diese Namen setzte er bloß als Beispiele ein für die vielen, von denen nichts zu hören war. »Man könnte viele andere nennen«, schrieb er. »Indes geht es ja nicht um einzelne Autoren. Keiner ist verpflichtet, sich dieser Frage anzunehmen. Aber die deutsche Literatur unserer Zeit ist es.«

Wenn aber der Einzelne zu nichts verpflichtet ist, weil Kunst in ihrer Entstehung auf nichts verpflichtet werden kann, woher kommt dann die moralische Pflicht der Literatur? Wie lässt sie sich begründen? Eine Woche später antwortete Hubert Fichte seltsam mäandernd in der *Zeit*, Reich-Ranicki zugleich widersprechend und zustimmend. Fichte, dreißig Jahre alt, gehörte zu Höllerers sogenannter »Colloquiumsjugend«. Für Princeton hatte er sein Kommen zwar angekündigt, war aber doch weggeblieben. 1963, in der Kleber-Post in Saulgau, hatte er zum ersten Mal gelesen und sich dort mit Raddatz angefreundet; überhaupt war Saulgau die letzte wirklich gelungene, freundschaftliche und literarisch bedeutende Tagung gewesen. Sein jüdischer Vater war bald nach Fichtes Geburt ins schwedische Exil geflohen, wo seine Spur sich verlor. Fichte hatte also ein eigenes, besonderes Interesse daran, der Vergangenheit auf den Grund zu gehen. Doch es missfiel ihm, dass Reich-Ranicki sich zum »praeceptor Germaniae poetarum« aufwarf, »um das Gewissen eines Grass, Richter, Krolow, Bobrowski zu wecken«, schließlich hätten die alle in ihren Werken »das Ihre zum Thema beigetragen«, und darüber hinaus gab es eine berechtigte schriftstellerische Scheu vor Manifesten, Bekenntnissen und öffentlichen Äußerungen aller Art. Andererseits aber war ihm Reich-Ranicki zu vorsichtig, wenn er darauf verzichtete, die Schriftsteller direkt zum Besuch des Prozesses aufzufordern. Warum denn nicht? Doch auch Fichte schreckte davor zurück, der Literatur oder den Literaten ein tagespolitisches Soll abzuverlangen. Und wenn er von sich selbst die direkte Konfrontation mit den deutschen Verbrechen forderte, dann nicht als bloßes Starren auf die Vergangenheit, sondern bezogen auf die Miseren der Gegenwart nach 1945 mit den Kriegen in Algerien, Korea, Vietnam. Wer über Auschwitz sprach, durfte über Vietnam nicht schweigen. Wer die Vergangenheit aufarbeitete, musste das in der Welt des Jahres 1966 beweisen.

Und doch – da waren sich Reich-Ranicki und Fichte einig – reagiert Literatur in anderen Rhythmen als journalistische Berichterstattung. Grass zum Beispiel, der Reich-Ranicki brieflich mitteilte, er halte dessen Vorwürfe für eine »Diffamierung«, brauchte mehr als dreißig Jahre, um eine Form zu finden oder eine literarische Idee, die ihm den Zugang zum Prozessgeschehen ermöglichte. Erst in dem Erzählungsband *Mein Jahrhundert* aus dem Jahr 1999 findet sich seine Lösung. Da lässt er ein Hochzeitpaar im Frankfurter Römer in die Irre gehen. Statt beim Standesamt landen sie im Auschwitzprozess und, einmal damit konfrontiert, kehrt die frisch Vermählte in den Monaten danach immer wieder dorthin zurück und erzählt ihrem Mann davon, was sie im Gerichtssaal zu hören bekommt. Sie erzählt von den Erschießungen, den Quälereien und von der »Boger-Schaukel«, die ein Zeuge aufzeichnete, während der Angeklagte Boger mit einem gewissen Erfinderstolz in sich hineinschmunzelte. So konnte Grass den Prozess ins Kleine, Alltägliche herunterbrechen, ihn aber zugleich zu den großen Jahrhundertereignissen hinzurechnen.

Vielleicht hat die Wendung ins Biedere, die das Geschehen in dieser Geschichte erhielt, etwas mit dem eigenen Verschweigen zu tun, denn um darüber zu sprechen, dass er als Siebzehnjähriger in den letzten Kriegsmonaten in eine Division der Waffen-SS geraten war, brauchte er noch sehr viel mehr Zeit, nämlich bis ins Jahr 2006, als er beim Häuten seiner Lebenszwiebel auch auf diese Episode stieß. Dabei hätte doch gerade sein Beispiel gelehrt, wie stark die vergangenen Unheilsverstrickungen die politische Moral der Gegenwart zu befeuern vermochten, wie eng verwoben Schuld und Unschuld manchmal sind und wie unschuldig einer sein kann, der trotzdem Schuld auf sich lud. Grass' Stimme zum Auschwitzprozess hätte gerade aus dieser Erfahrung heraus wichtig werden können. Doch wäre die deutsche Öffentlichkeit damals überhaupt in der Lage gewesen, solche Bekenntnisse zu verarbeiten und nicht nur einen Skandal auszurufen? Als Grass dann endlich damit herausrückte, war sie es nicht, konnte ihm aber mit gutem Recht vorwerfen, allzu lange geschwiegen zu haben. Seiner Rolle als moralische Instanz hätte ein früheres Bekenntnis nicht geschadet. Nur den Nobelpreis, den hätte es wohl nicht gegeben.

»Warum ist seit Auschwitz nichts wesentlich besser geworden?«, fragte die Dichterin Marie Luise Kaschnitz in dem Band *Ein Wort weiter*, der im Jahr 1965 erschien. Mit dem darin enthaltenen Zyklus »Zoon Politikon« bewies sie, dass Lyrik sehr wohl rasch auf aktuelle Ereignisse reagieren kann. Auch Kaschnitz, die in Frankfurt lebte, hatte den Prozess mehrmals besucht, und die Verse, die daraus hervorgingen, vibrierten vor innerer Spannung:

So werden wir
Du Bruder und ich
Hinübergehen
Schuldig.
Denn freizusprechen ist keiner.
Eine Handvoll Erde
Ein Mundvoll Wein
Unsere Würde ein Kleid
Sie ziehens uns aus am Ende.
Nackt vor der Grube
Woran erinnert dich das?
Zu verstehen ist nichts.
Geh.
Weiter.

Und fast als hätte sie Grass damit gemeint, schrieb sie:

Bedenkliches aber
Und aber und abermals
Blechtrommler
Zündplätzchenkriege.
Lacht nur

Lacht nicht.

Kaschnitz hatte 1960 an einer Tagung der Gruppe 47 teilgenommen, aber ohne zu lesen und ohne sich wohlzufühlen. Sie hatte zwei Resolutionen unterschrieben, eine gegen den französischen Krieg in Algerien und eine gegen das sogenannte »Regierungsfernsehen«, das die Schriftsteller in Gestalt des ZDF auf sich zukommen sahen. Danach war sie nicht mehr wiedergekommen, vielleicht weil sie, Jahrgang 1901, schon jenseits der Generationenlinie lag, die Richter zog. An ihrer Lyrik kann es kaum gelegen haben, auch wenn die älter werdenden Herren ihrer »Gerontologie« bestimmt widersprochen hätten:

Kleiner werden im Alter
Zwergenklein
Leichter werden im Alter
Spinnwebleicht
Keine Kraft mehr zu halten was fällt
Keine sich anzuklammern
Grillenstimme die zirpt
Hinter der Säulentrommel
Aber das Glotzauge groß
Eine furchtbare Tiefe.

11

Warum machte er das alles? Warum gab Richter seine besten Jahre, um immer wieder die Gruppe zusammenzurufen, sie zu schaffen und zu erhalten? Was trieb ihn an und ließ ihn den Spott gelassen ertragen, der ihn zum braven Herbergsvater degradierte und ihm bescheinigte, dass er sowieso nicht schreiben könne und also das bisschen Kreativität, das er besaß, besser ins Organisatorische investierte anstatt in einen neuen Roman? Ja, was? Aber – und auch das sagte er sich – es war durchaus eine Lebensleistung, auf das Schreiben hin und wieder zu verzichten. Geschrieben wurde doch sowieso viel zu viel, und das schon seit Jahrhunderten. Es war ein endloser Strom von Sprache, der sich auf die Papiere ergoss, und vieles von dem, was da Wort und Text, Gedicht und Erzählung wurde, hatte sich bereits in der Sekunde der Niederschrift erschöpft, wenn es den Schreibenden vielleicht für einen Moment noch beglückte und begeisterte und ihm das Gefühl vermittelte, einer großen Sache auf der Spur zu sein. Und dann war es doch nur geronnene Tinte, und was schließlich zum Vortrag kam, war schon lange tot. Was hatte er nicht alles anhören müssen bei den Lesungen, wie viele schlechte, mittelmäßige, unbrauchbare, überambitionierte, aufgeblasene, geistlose, langweilige und durch und durch überflüssige Texte waren in zwanzig Jahren vorgekommen. Aber sprach das gegen die Literatur und gegen das Bemühen, es immer wieder zu versuchen und ewig Ausschau zu halten nach

»Der Junge war ja nur ein Strich. Ich vermute: Das Herz.«
Ernst Augustin findet großen Anklang mit einer Geschichte
aus dem Roman *Mamma*.

dem großen Ereignis, in dem das Geheimnis des Lebens
eingefangen und spürbar werden würde? Deshalb saßen
sie doch zusammen, weil der Glaube in jedem von ihnen
lebendig war, dass die Sprache, dass die Literatur die
Kraft hatten, auch das Nichtgewusste zu berühren und
auszusprechen und sich davon berühren zu lassen.

So wie bei diesem Ernst Augustin, der jetzt neben ihm las, musterschülerhaft in Jackett, weißem Hemd und schmaler, schwarzer Krawatte, noch so ein Kafka-Epigone, dachte er, Flakhelfergeneration, Jahrgang 1927 wie Grass, geboren im schlesischen Hirschberg, wie Georg Heym, am Fuße des Riesengebirges, wo auch der launische Rübezahl sein Unwesen trieb, dessen Unberechenbarkeit und dessen Drang, die Menschen zu erschrecken, in Augustins Prosa wiederzukehren schien. Als ausgebildeter Psychiater war er Ende der fünfziger Jahre aus der DDR in den Westen geflohen und von da aus gleich weiter nach Afghanistan, wo er in einem Krankenhaus arbeitete, literarisch ein Phantast, ein Surrealist, der sich mit Gedanken- und Traumwirklichkeiten befasste, mit Psychoanalyse und der Wirklichkeit von Fiktionen. In seiner Geschichte ging es um kindliche Doktorspiele. Ein altkluger, elf Jahre alter Ich-Erzähler gerierte sich als erfahrener Arzt, was hieß, er hatte gelernt, dass man sich täuschen kann: »Am Anfang seiner Laufbahn neigt der Arzt zu unberechtigter Sicherheit, die sehr bald einer berechtigten Unsicherheit weicht.« Doch davon ließ er sich nichts anmerken, während er dem Nachbarsjungen mit seiner Behandlung so lange zusetzte, bis der entkräftet zu Boden sank und am Ende der Geschichte einen Herzstillstand erlitt. Der Patient, den er sich erkoren hatte, war an seinem Tod gewissermaßen selber schuld, warum richtete er sich nicht nach dem medizinisch prognostizierten Verlauf der Behandlung, sondern starb eigenmächtig und ohne jegliches

Verständnis der ihm verabreichten Therapie? »Aber ich kann versichern, dass alles, aber auch *alles* Menschenmögliche getan wurde«, bekräftigte der kleine Doktor. »Der Junge war ja nur ein Strich. Ich vermute: Das Herz.«

Im Saal wurde noch gelacht, aber da war die heitere Kindlichkeit schon in eine abgründige Brutalität umgeschlagen, das Blut gefror in den Adern, und es wurde allmählich still. Wie ein Spielzeug wurde der Nachbarsjunge auseinandergenommen, aus purer Neugier, aus Wissensdrang oder auch nur Besserwisserei. Die Glocke des Campus wurde an dieser Stelle zur Totenglocke, die Tagung hatte einen ersten Höhepunkt, und es war sicher kein Zufall, wenn – wie in Grass' *Blechtrommel* – ein schuldig werdendes Kind zur Hauptfigur wurde, kindliche Unschuld war nur eine Imagination, und so sehr die Deutschen sich auf ihre Kindhaftigkeit, ihre Verführtheit beriefen, es nutzte ihnen nichts, und obwohl sie sich in Ahnungslosigkeit retten wollten, ersparte ihnen das nicht ihre Verantwortlichkeit.

Helga M. Novak, die auf Augustin folgte, war in der DDR aufgewachsen, hatte aber einen isländischen Vater, 1961 nach Island geheiratet und dort in einer Fischfabrik gearbeitet, war dann jedoch vor lauter Heimweh in die DDR zurückgekehrt, als isländische Staatsbürgerin, die weder hier noch dort heimisch werden konnte. So kamen mit ihr und Augustin also doch DDR-Autoren dazu und paradoxerweise gerade mit ihnen die Welt, Fischgeruch und der Geruch feuchter Erde und noch einmal Kafka: Wer hätte nicht bei dieser schönen jungen Frau aus der

Fischfabrik an Kafka gedacht, der, als er seine Geliebte Dora Diamant beim Abschuppen von Fischen zum ersten Mal erblickte, gesagt haben soll: So zarte Hände und eine so blutige Arbeit! Novak las seltsam steif und so mühsam wie eine Erstklässlerin, die jedes Wort mit dem Zeigefinger entziffern muss und silbenweise betont. Island: Das war Kabeljau, aus dem Würmer gepult wurden, ein Trinker in wochenlangem Suff, das waren Windwetter, Dezemberklage, Steinschlag und Krüppelbirken, Raben über einem milchigen Gletscher, den die Moräne beschrieb. Oder war das doch die DDR mit Regenwürmern, warmen Hausmauern und blühenden Kirschbäumen und den Kerzen der Kastanien über dem duftenden Flieder? Wer weiß denn schon so ganz genau, ob es Elfen tatsächlich nur in Island gibt?

Elfe Gilitrutt lebt mit einem Mann
und sagt – ruder nicht heute
   ruder nicht morgen
ein Nachttroll hat mit Blei
   dein Boot versteift
da sagt der Mann –
   ruder ich heut nicht
   ruder ich morgen
zieht mich das Blei auf den Grund
   ist er nicht tiefer
   ist er nicht nasser
als der Schoß meiner Elfe Gilitrutt

Es gab keinen Applaus, denn es gab nie Applaus in der Gruppe 47 seit der ernüchterungssüchtigen Anfangszeit. Applaus wurde als unpassendes, pathetisches Bekenntnis abgelehnt, wurde weder als kleine Geste der Höflichkeit praktiziert, noch als Ausdruck der Begeisterung und nicht einmal deshalb, um eine kleine, pragmatische Zäsur zu setzen und den Kritikern vielleicht einen winzigen Moment des Nachdenkens zu gönnen. Denn die brauchten keine Pause, sie setzten nahtlos und fast ohne Atem zu holen sofort ein und bauten ihre Wortkaskaden über dem noch nicht Verklungenen. Fried hatte die schönsten Gedichte seit langem gehört, ließ aber offen, ob in diesem »seit langem« die eigenen mit eingeschlossen sein könnten. Doch wenn er Novak dafür lobte, dass nichts sich vordränge, nichts Programmatisches gesagt sein wolle, sondern nur das, was da ist, klang das durchaus wie Kritik in eigener Sache, auch wenn ihm das nicht auffiel.

Weniger Lob als schroffe Ablehnung erfuhr dann Jürgen Becker mit einer Rom-Collage, die nach Methoden der Pop-Art aus Reiseführern und Tourismuswerbung zusammengesetzt schien. Ein Jahr später erhielt er den Preis der Gruppe 47 und meinte, nicht er, sondern die Gruppe habe sich geändert. Zuerst aber musste er das Stahlbad der Verrisse durchleiden, misslungen, sagte Mayer, Impressionen fürs Abschiedsfest der Villa Massimo, sagte Jens, zu dünnes Material, sagte Enzensberger, schlechtes Reisefeuilleton, sagte Grass, und Reich-Ranicki, unter den Derben immer der Derbste, behauptete,

Die schönsten Gedichte seit langem: Helga M. Novak.

das könnten Hunderte von Leuten genauso gut und besser und alle hier in der ersten und zweiten Reihe innerhalb der nächsten zwei Stunden. Großes Gelächter. Ach, wie dankbar sie alle waren, wenn es etwas zu lachen gab, und immer wenn Reich-Ranicki loslegte, gab es etwas zu lachen. Dann brüllte der ganze Saal auf, erleichtert für die Gelegenheit, auf diese Weise die Sauerstoffzufuhr zu erhöhen, denn die Luft im Saal war schlecht, Richter hatte die Fenster wieder geschlossen, und die Raucher hielten sich nicht zurück.

Und dann kam Grass, nahm Platz auf dem elektrischen Stuhl, den einer wie er nicht fürchtete, saß da in seinen unaufgeregten Cordhosen, die selbstgedrehte Zigarette lässig zwischen den Fingern, ganz Grass, vom Schnauzbart bis in die Socken und bis in die Wortspitzen seiner Gedichte hinein, und gab sich erst einmal als der Koch und Genießer zu erkennen, der er war, singsangte von Schwierigkeiten beim Töten, acht Neunaugen in der Pfanne, Gott lebt, die Fische glauben anstatt zu schwimmen, und was schmeckt, macht uns gesprächig bei Tisch. Auch Gemüse diente ihm dazu, verkappte Diagnosen zu stellen, wenn er die Bohnen sorgsam unterschied und dichtete: »Die jungen dürfen braune Kerne haben.« Am meisten Anklang aber fand sein »März«-Gedicht, ein Liebesgedicht, in dem einer nicht wusste, wohin mit seiner Energie, mit seiner Lust und Leidenschaft:

(…) *als Liebe einen Knochen warf*
und meine Zunge sich Geschmack erdachte,
als ich beschloss, die Gürtelrose zu besprechen,
nur weil im Welken noch drei Gramm Genuss,
als ich, es nieselte, die Bronze leckte,
und schwellenscheu die Fotzen heiligsprach,
als meine Finger läufig wurden
und längs den Buden jedes Astloch deckten,
als ich die Automaten, bis game over,
bei kleinen Stößen Klingeln lehrte,
als jede Rechnung unterm Strich
auf minus neunundsechzig zählte,
als ich bei Tauben lag und schwören musste:
Nie wieder werde ich mit Möwen! –
als ich ein Ohr besprang, um Ablass bat:
zu trocken sind die Engel und zu eng! (…)

Da trieb es einer in seiner Not mit den Dingen und den Tieren, Trieb und Getriebenheit, bis hin zum großen »Ich liebe dich«, zum finalen »Komm. Zieh dich aus.« Das muss für Ohren von 1966 tatsächlich unerhört gewesen sein, Herburger sprach es aus, so etwas habe er überhaupt noch nicht gehört, sagte er und weiter nicht viel mehr, als dass er es großartig finde. Mit dieser Zurückhaltung schuf er eine feierliche Millisekunde der Stille, in der selbst die Kritik verstummte oder vielmehr sich sammelte, um sogleich gekräftigt wieder aufzubranden, erst Karasek, dann Höllerer, dann Mayer in großem Crescendo der Begeisterung, so erfreut und erstaunt über die Vielfalt der Formen, dass er gar nicht mehr aufhören wollte mit seinem Lobgesang. Mayer erhob sich, blickte konzentriert auf einen imaginären Punkt vor sich im Raum, spitzte das Mündchen und genoss es, die Worte einzeln und doch sehr schnell freizulassen, als forme er mit den Lippen eine Perlenkette, und so hörte es sich auch an, wenn er sprach, so kostbar, so geschliffen, so rund. Mit den Fingerspitzen befühlte er seine Perlen in der Luft, als bedaure er es doch ein wenig, dass sie sich verflüchtigten wie Seifenblasen, weil es nur Worte waren. Selbst Reich-Ranicki stimmte diesmal ein und rühmte, dass man bei diesen Gedichten glücklicherweise niemals den Eindruck habe, sie entzögen sich der rationalen Kontrolle: Klarheit der Gedanken einerseits, niemals der Eindruck von Konstruiertheit und Gemachtheit andererseits. Bei jeder Zeile ließe sich fragen, warum und wozu hat er das gesagt, und die Frage wäre dann auch zu beantworten. Aber ist das nicht gerade ein Problem? Will Lyrik nicht darüber hinaus und auf andere Weise als bloß rational die Dinge ertasten? Spielt das Warum da eine Rolle? Grass hatte Gedichte vorgelegt, die dem in der Gruppe dominierenden Geschmacksempfinden entsprachen: Keine Dunkelheit, kein Sprachnebel, sondern Fisch und Sauerkraut und Erektionen. Komm, zieh dich aus. Direkter ließ es sich nicht sagen. Handke, der schüchtern schwieg, war beeindruckt von so viel Körperlichkeit, klatschte mit den anderen mit und dachte, so, jetzt geht es los mit den Frauen. Das »März«-Gedicht war ein erotisches Fanal, und wenn ein amerikanischer Literaturprofessor später die Unsinnlichkeit der deutschen Gegenwartsliteratur beklagte, weil Sex auf dieser Tagung so gar kein Thema gewesen sei, dann hatte er diese Verse von Grass überhört. Die Lust, die sie antrieb, die war von der Kritik nicht einzufangen, auch wenn sich die Kritiker noch so sehr an dieser Feier des Begehrens begeisterten. Grass selbst gelang so etwas ja ebenfalls nur in seinen besseren Momenten – er misstraute allem Rauschhaften durchaus. Bei der Podiumsdiskussion am Freitagabend zur Lage der Künste in den Sechzigern war er neben dem Beat-Poeten Allen Ginsberg zu erleben, der nachdrücklich die bewusstseinserweiternde Substanz LSD pries – die Modedroge der Epoche und für Ginsberg ein Mittel, um Ängste zu überwinden und in einen Zustand höherer Spiritualität einzutreten. Grass hatte dazu nichts Substantielleres beizusteuern als den stocknüchternen Satz: »Ich nehme kein LSD, ich trinke Kaffee, der tut es auch.« Nichts hätte ihm fremder sein können als Tom Wolfe, der dort in einem kanarienvogelgelben Anzug herumstolzierte. Grass ging es nicht um Bewusstseinszustände und Stilfragen, sondern um Politik – und auch die Lust war für ihn ein Politikum. Wenn er den Wahlkämpfer gab, dann schämte er sich nicht, die Lyrik an die Propaganda zu verraten. Ein Jahr zuvor hatte er statt des »März« einen »Gesamtdeutschen März« gedichtet. Der stand zunächst im *Spiegel*, dann in Richters Wahlkampfband und endete mit der selbst durch Ironie nicht mehr zu rettenden Strophe:

Glaubt dem Kalender,
im September
beginnt der Herbst, das Stimmenzählen;
ich rat Euch, Es-Pe-De zu wählen!

12

Aber was hatte es gebracht? Willy Brandts SPD hatte im September 1965 zwar über drei Prozent zugelegt, war aber deutlich hinter der CDU geblieben. Dass sich der Einsatz der Schriftsteller gelohnt hätte, war diesem Ergebnis nicht unbedingt abzulesen. Die CDU setzte die Koalition mit der FDP fort, Willy Brandt blieb Regierender Bürgermeister in Berlin und erklärte, auf eine erneute Kanzlerkandidatur zu verzichten. Die Große

Koalition, die dann im Dezember 1966 mit einem ehemaligen NSDAP-Mitglied als Bundeskanzler und dem ehemaligen Exilanten Brandt als Außenminister gebildet werden würde, während das Land in die erste Rezession hineinsteuerte, entstand eher aus haushaltpolitischen Notwendigkeiten heraus denn aus politischer Überzeugung und war wahrlich nicht die Alternative, die sich die Brandt-Unterstützer bei der Wahl erhofft hatten.

Aber woran sollte man ihren Erfolg messen? War es denn nicht schon anachronistisch geworden, für die »Es-Pe-De« zu trommeln, bewundernswert allenfalls in der Unverdrossenheit, mit der Grass daran festhielt? Walser, der 1961 bei einem ähnlichen Sammelband mit wahlengagierten Essays noch als Herausgeber eingesprungen war – nachdem Böll abgesagt hatte und Richter den Eindruck verhindern wollte, er würde die Gruppe 47 bataillonsartig hinter sich versammeln –, Walser wollte nun nicht einmal einen Aufsatz beisteuern. Für ihn kam die SPD nicht mehr in Frage, weil sie, nicht viel anders als die CDU, den Krieg in Vietnam vernünftig finden wollte und weil ihm Willy Brandt bei einer Schifffahrt auf dem Bodensee dazu keine substantielle Auskunft gegeben hatte. So übernahm dieses Mal Richter selbst die Herausgeberschaft, als würden die Bedenken von 1961 vier Jahre später nicht mehr gelten. Vielleicht hatte das damit zu tun, dass ihm auch aus der Gruppe heraus so viel Widerstand entgegenschlug. Da konnte niemand mehr auf die Idee kommen, er repräsentiere ein homogenes Ganzes oder die Gruppe sei so etwas wie ein SPD-Wahlverein.

Stattdessen verschärften sich die internen Gegensätze; den wackeren Wahlkämpfern standen diejenigen entgegen, die glaubten, die naive Phase ihres Engagements hinter sich zu haben. Richter hatte immer propagiert – es war seine Lehre aus der Erfahrung des Nationalsozialismus –, dass Intellektuelle sich politisch einmischen sollten, und zwar kritisch, ihr natürlicher Ort war die Opposition. An ein konkret parteipolitisches Engagement hatte er zunächst nicht gedacht, doch die SPD ergab sich daraus, solange in der jungen Bundesrepublik keine andere relevante Opposition existierte. Ein solches Engagement entbehre jeglichen Risikos, meinte jetzt Lettau, und dabei ging es gar nicht mehr um die SPD als Alternative, sondern grundsätzlich um die Unterstützung des Parteiensystems und jegliche Erwartung »innerhalb der Apparate«. Lettau fürchtete, der einzige Effekt schriftstellerischen Engagements auf dieser Ebene läge darin, den Herrschenden ein Alibi zu liefern für »angeblich bestehende demokratische Verhältnisse«. Böll hielt parteipolitisches Engagement schlicht für »Zeitverschwendung« in einem Land, »in dem es keine Linke mehr gibt, nur noch linke Flügel von drei überwiegend nationalliberalen Parteien«. Und wenn schon, dann müsste man eine neue Partei aus dem linken Flügel der SPD und dem der CDU schaffen. Er plädierte dafür, sich aufs Schreiben zu konzentrieren; darin bestehe die einzige und wahre Pflicht eines Schriftstellers: »Je engagierter er sich glaubt, fühlt, weiß, desto mehr sollte er nach Ausdruck suchen.« Engagement, diese seltsame Vokabel der Epoche, war damit in die Literatur zurückgeholt; politische Wirkung war von Werken zu erhoffen und nicht von Wahlen. Walser dachte ähnlich, wenn er bei einer Umfrage zu Protokoll gab: »Was soll ich in einer Partei? Die Statuten besser formulieren? Propaganda machen? Kandidat werden? Also politisch handeln? Schriftsteller handeln in der Sprache (versuchen sie sonstwo zu handeln, werden sie zu Dilettanten). Politiker handeln in Organisationen. Organisationen müssen sich taktisch verhalten. Das ruiniert die Sprache. Sie ist zum Gegenteil da. Sie will nicht den richtigen Eindruck machen, sondern den rechten Ausdruck finden. Gehören Zeitungen oder Schriftsteller einer Partei an, verkommt ihre Sprache zum Jargon. Je ferner ein Schriftsteller einer Partei ist, desto mehr kann er ihr nützen. Distanz berechtigt zu Kritik.«

Auf der anderen Seite aber waren es in einer seltsamen Verdrehung der Generationenabfolge gerade die Jüngeren, die vor parteipolitischer Kleinarbeit nicht zurückschreckten und die Nähe der SPD suchten. Während Böll, Walser, Lettau Positionen der APO vertraten, begaben die Jungen sich in die Niederungen des Wahlkampfs und arbeiteten im Berliner »Wahlkontor« mit. Grass hatte die Sache angeregt, war dann aber auf eigene Faust unterwegs als Redner auf den Marktplätzen und in den Mehrzweckhallen der Republik. Richter schwebte als guter Geist über dem Unternehmen, während der schriftstellerische Nachwuchs den Auftrag übernahm,

»Formulierungshilfen« zu geben, Politikerreden zu ent-substantivieren und zu entstauben und wahlkampftaug-liche Parolen zu liefern. Die SPD hatte ihnen Räume in der Berliner Parteizentrale zur Verfügung gestellt, im Schimmelpfeng-Bau mit Sicht auf die Gedächtniskirche und die Kantstraße, die unter dem Haus hindurchführte. Klaus Roehler gab den Bürochef, Klaus Wagenbach den Kassenwart, und alle Beteiligten erhielten zehn Mark Stundenlohn. Das mochte für die, die mit ihrem Schrei-ben weniger verdienten, auch ein Anreiz gewesen sein. Denn ihre Namen kannte ja kaum jemand: Born, Buch, Delius, Marianne Eichholz, Gudrun Ensslin, Fichte, Härtling, Haufs, Herburger, Krüger, Kurbjuhn, Piwitt, Reisner, Schneider, Vesper. Handke, von derartigen Po-lit-Bemühungen meilenweit entfernt, hätte daraus ein Gedicht machen können: Die Aufstellung der deutschen Dichter im August 1965. Deren gemeinsames Nachden-ken im Parteibüro förderte Sprüche wie die folgenden zutage: »Nur gegen Haarausfall wissen wir keinen Rat«; »SPD – eine Partei für die ganze Familie«; »Bildung baut Vorurteile ab und verleiht Urteilskraft«. Oder, dann fast schon so etwas wie ein Argument: »Auch die SPD kann kein Paradies auf Erden schaffen. Aber sie tut, was getan werden kann: Die Volksversicherung.« Härtling formu-lierte: »Auch der Staat kann dem Bürger danken.« Und da es im Wahlkampf nicht zuletzt darum geht, den Geg-ner kleinzuhalten, schrieben die Dichter nach langen Debatten den Satz: »Es bringt nichts ein, in einem War-tesaal dumpf vor sich hin zu dösen. Wir sollten uns wenigstens nach dem nächsten Zug erkundigen.« Schließlich hatten sie eine ganze Mappe mit derartigen »Versatzstücken« gefüllt, die sie den Politikern in der milden Hoffnung überreichten, dass derlei zu gebrauchen sei.

Richter gab der Sache seinen Segen, achtete aber wie stets darauf, alle Arten politischer Parteinahme von der Gruppe 47 als solcher fernzuhalten. Beim »Wahlkontor« war das nicht schwer, denn die junge Generation wurde viel weniger mit der Gruppe identifiziert als die Älteren, die er in seinem Wahlkampfband versammelte. Auch wenn es die Gruppe nicht gab – weil sie, wie Richter nicht müde wurde zu behaupten, nur während der Tagungen existierte, also nur drei Tage im Jahr –, nahm sie im öffentlichen Bewusstsein doch fast schon erschreckende Dimensionen an, wurde als Zentralinstitution des Literaturbetriebs wahrgenommen, ja als »geheime Reichsschrifttumskammer«, wie der CDU-Politiker Josef Hermann Dufhues sich unvorsichtigerweise laut geärgert hatte. Und als Kanzler Erhard, entnervt davon, dass die Intellektuellen immer nur für die SPD auftraten, von »Entartungserscheinungen« sprach, sie in ihrem sozialpolitischen Engagement als »Nichtskönner« und »Banausen« bezeichnete und den Satz prägte, den er nie wieder loswurde: »Da hört der Dichter auf, da fängt der ganz kleine Pinscher an«, gab er den Geschmähten damit erst recht die Gelegenheit zu aufrichtiger Empörung, als stünde tatsächlich die Demokratie auf dem Spiel und die Wiederkehr des Nationalsozialismus unmittelbar bevor. Nur Walser replizierte mit Humor: »Da hört der

Kanzler auf, da fängt der Erhard an.« Es war nicht die Gruppe 47, die sich ins Bedeutungshafte hinaufstilisierte, das besorgten vielmehr und viel gründlicher ihre politischen Gegner, die den Schriftstellern die Gelegenheit boten, sich für unverzichtbar zu halten.

Die Nichtexistenz der Gruppe zwischen den Tagungen war allerdings bloß noch eine Schutzbehauptung und war es vielleicht immer schon gewesen, dazu geeignet, Richter das Leben ein wenig zu erleichtern. Eine Gruppe existiert ja nicht nur dann, wenn ihre Mitglieder sich an einem Ort versammeln. Auch wenn sie angeblich keine Statuten kennt und keine verbrieften Mitgliedschaften, ergibt sich ihre Existenz nicht zuletzt aus ihrer Bedeutung und daraus, dass über sie gesprochen wird. Existenz hat nichts mit körperlicher Anwesenheit zu tun, sie resultiert aus Schreiben und Sprechen, aus lockeren Beziehungen und aus Freundschaften, die sich zu einem sozialen Netz addieren. Im Zentrum befand sich Richter, bei ihm liefen die Fäden zusammen, indem er hartnäckig behauptete, die Gruppe existiere nicht, jedenfalls nicht als eine Gruppe, sondern allenfalls als verschiedene Grüppchen. So konnte er sich darauf zurückziehen, dass politische Erklärungen von Gruppenmitgliedern allein deshalb keine Gruppenerklärungen sein konnten, weil es keine Mitglieder und folglich keine Gruppe gab, was auch dann der Fall war, wenn viele regelmäßig teilnehmende Autoren gemeinsam eine Erklärung unterschrieben oder wenn, wie am Ende der Tagung 1965 in Berlin, Unterschriften für eine »Erklärung über den

Krieg in Vietnam« eingesammelt worden waren. Auch dann, wenn viele unterschrieben, unterschrieben niemals alle, und schon gar nicht im Namen der Gruppe 47, sondern nur in ihrem eigenen.

Richter hatte nicht unterzeichnet, Grass ebensowenig, aber beide hatten kurz zuvor eine andere Vietnam-Petition unterschrieben, die in der *New York Times* erschienen war. Und eben dort musste Richter am Samstag, dem zweiten Tagungstag, ein Interview mit Weiss zur Kenntnis nehmen, das ihm für einen Moment die Sprache verschlug. Victor Lange legte ihm das Zeitungsblatt vor, mit fragendem, ja anklagendem Blick, denn es gehörte zu den Grundbedingungen seiner Einladung nach Princeton, dass »von derlei primitiven Dingen wie einer korporativen Anti-Vietnam-Äußerung« von vornherein nicht die Rede sein würde. Richter glaubte seinen Augen nicht zu trauen, als er jetzt Weiss' Statement gegen den Krieg in Vietnam lesen musste und darin ganz zweifellos das Wörtchen »wir« entdeckte: »Wir wollen unsere Sympathie für diejenigen zeigen, die für ein anderes Amerika kämpfen und Kontakt zu Gruppen aufnehmen, die für ein neues Amerika kämpfen.« Das saß, und zwar jenseits aller Absprachen und Zurückhaltungsbekundungen. Das war die kollektive Erklärung im Namen der Gruppe, die es nicht geben durfte. Da half nur eins: Weiss musste vor versammelter Belegschaft Abbitte leisten und seine Erklärung widerrufen. Das tat er auch, ganz Diplomat, sagte, nachdem Richter ihn aufgerufen hatte, laut und vernehmlich in den gefüllten Saal hinein, es handle sich um ein bedauerliches Missverständnis, er sei falsch zitiert worden und das sei ihm außerordentlich peinlich, natürlich könne er nicht für die Gruppe sprechen, sondern nur für sich selbst, seine Position habe er dargestellt, nichts anderes, mehr wolle und würde er sich niemals herausnehmen. War die Sache damit erledigt? Nein, denn wie bei jeder Erklärung, die anschließend zurückgezogen wird, blieb doch etwas davon hängen. Verneinungen schaffen nichts weg, sie verneinen bloß und lassen das Verneinte bestehen. Von allem Gesagten, selbst dann, wenn es anschließend noch so laut dementiert wird, bleibt ein Schatten zurück, ein Abdruck in der Welt, und sei es nur als zurückgenommene Möglichkeit. Niemand wusste, ob Weiss wirklich falsch zitiert worden war oder ob er versucht hatte, damit durchzukommen. Richter ließ es dabei bewenden. Was hätte er auch tun sollen? Der Konflikt mit Weiss war aber noch nicht ausgestanden.

Weiss, Lettau, Böll, Walser: ganz egal, ob sie in Princeton dabei waren oder nicht, diese vier markierten eine Differenz, das Ungenügen am politischen Engagement, wie Grass und Richter es praktizierten. Ein Jahr später, in der fränkischen Pulvermühle, würde der Konflikt zwischen Engagement und Protest als äußerer Gegensatz aufbrechen. Da schien es so, als stünden die Protestierenden in Gestalt der Studenten draußen vor den Tagungstüren, und drinnen säßen die Schriftsteller als brave »Papiertiger«, die sie in den Augen der sich radikalisierenden Studentenbewegung waren. »Dichter! Dichter!«, skandierten die Studenten, denn das war die schlimmste Schmach, die sie sich ausdenken konnten. In Princeton machte die Versammlung in ihrer Konzentration auf die Textexegese einen so friedlichen Eindruck, dass die FDP-Politikerin Hildegard Hamm-Brücher – von Richter aus alter Verbundenheit eingeladen – mit Erstaunen bemerkte: »Und vor diesem harmlosen, so unbeirrbar mit seinen literarischen Sorgen beschäftigten Haufen haben die deutschen Politiker Angst?« Dabei verlief der Bruch mitten durch die Gruppe hindurch. Diejenigen, die nicht gleich auf die Barrikaden gehen wollten oder zum Umsturz aufriefen, schrieben doch ihre Bücher. Das ist doch etwas. Und hatte die Gruppe 47 – durch ihre bloße Existenz und durch die Literatur, die in ihr gedieh – nicht viel mehr zur Veränderung der Republik beigetragen als die zornigen jungen Menschen mit den Plakaten in der Hand, die zwar unentwegt zur Tat aufriefen, aber gar nicht so genau wussten, was zu tun wäre? Alexander Kluge brachte es Jahrzehnte später auf den Punkt, als er sagte: »Diejenigen, die dort sitzen und durch Protest nicht ohne weiteres zu verbessern sind, machen immerhin gute Texte. Nur: Alle diese Kunst, alle zusammengenommen, reicht nicht, um mit dieser Wirklichkeit, die wir im 20. Jahrhundert als Menschen bewirkt haben, auszukommen.« Doch andererseits: Was könnte den Menschen als Menschen und die Menschheit insgesamt rechtfertigen, wenn nicht die Kunst und das Beharren darauf, nach einer Sprache zu suchen? Was war besser daran, Eier auf das West-Berliner Amerikahaus zu werfen, wie im Februar 1966 geschehen, als geduldig die Dimensionen der menschlichen Existenz auszuloten, Text für Text? Wenn Eierwerfen eine Tat sein sollte, sprach doch alles für die Literatur; gegen den Vietnamkrieg zu sein, war ja noch keine Kunst. Darüber wäre dann zu diskutieren, wenn Fried seine Gedichte *und Vietnam und* vorgelegt und Weiss den *Viet Nam Diskurs* auf die Bühnen gebracht haben würden.

13

Wenn Peter Bichsel las, ein Volksschullehrer aus der Schweiz, Mitglied der Sozialdemokratischen Partei seit fast zehn Jahren, erwartete man eher subtil Humorvolles und nicht das, was man als »politisch engagiert« bezeichnete. Aber was hieß engagiert? War eine Literatur, die nicht engagiert wäre, denn überhaupt denkbar? Jeder literarische Text, der einigermaßen ernst zu nehmen ist, reagiert auf seine Zeit und setzt darauf, wenn schon nicht die Welt zu verändern, dann doch beim Leser eine Reaktion hervorzurufen, also zu wirken und den einzelnen Menschen zu verändern, ihm Erfahrungen, Erlebnisse, Möglichkeiten zu zeigen und damit etwas in Bewegung zu setzen. Literatur verweist, ob sie will oder nicht, darauf, dass die Welt auch anders sein könnte als immer bloß so, wie sie gerade ist. Jeder Mensch nimmt auf seine

eigene Weise wahr und schaut auf einen anderen Welt-
ausschnitt; für jeden öffnen sich eigene Perspektiven
und Möglichkeitsräume, und davon lesend zu erfahren,
weitet den Blick. Lesen ist politisch! Darin besteht das
wahre Engagement der Literatur, und nicht darin, sich
für diesen oder jenen Sachverhalt auszusprechen, denn
das klänge viel zu sehr nach Inhalt. Um Inhalte geht es
aber nicht. Inhalte sind austauschbar und vergänglich.
Erst einmal mussten die Sätze stimmen, und um die zu
prüfen, saßen sie hier, und in der ersten Reihe saßen die
Kritiker als eigene Fraktion.

Auf Bichsel konnten sich alle einigen; im Herbst 1965
war er zum Preisträger der Gruppe 47 gekürt worden,
nachdem Richter beschlossen hatte, wieder einmal eine
Abstimmung durchzuführen. Ob der Preis vergeben
wurde oder nicht, bestimmte Richter alleine, dann aber
entschied eine demokratische, geheime Wahl unter allen
Teilnehmern: Wer die meisten Stimmen bekam, erhielt
den Preis. Jetzt eröffnete Bichsel den zweiten Tag. Bei
ihm konnte Richter sicher sein, dass der Auftakt gelingen würde, auch wenn ihnen allen noch die Müdigkeit in
den Knochen steckte, der Jetlag und der Alkohol vom
Abend zuvor.

Der Abend war wie alle Abende lang geworden, obwohl der von der Universität ausgerichtete Empfang die
Stimmung nicht gerade befeuert hatte. Zwei Gruppen-
kritiker hatten zuvor noch der deutschen Öffentlichkeit
telefonisch im Radio mitgeteilt, dass bisher nichts Um-
werfendes zu vermelden sei, jedoch die Gedichte von

Günter Grass viel Anklang gefunden hätten. In Deutschland war es zu diesem Zeitpunkt drei Uhr nachts, doch alle, die da nicht schliefen, konnten den Eindruck gewinnen, das Literatentreffen in Übersee sei eine für das weitere Geschick der Nation bedeutende Sache, fast wie ein Fußballspiel, wo gerade zur Halbzeit gepfiffen wird. Die meisten hatten sich zeitig verabschiedet und in Restaurants im Stadtzentrum verzogen, oder sie versumpften direkt in der Bar des Holiday Inn. Der Alkohol am Abend war so wichtig wie die Texte am Tage, und vielleicht waren die Gespräche am Tresen, das Flirten und das Flirren erotischer Möglichkeiten, der nichtöffentliche Teil der Treffen überhaupt das Wesentliche. Aber daran konnten sie sich am nächsten Morgen schon nicht mehr erinnern. All diese Gespräche, Gesten, Blicke, alle Getränke und sehr viel Alkohol sanken – wie Jürgen Becker rückblickend formulierte – ins kollektive Unterbewusstsein der deutschen Literatur ab. Oben, am Tageslicht, war die Sprache und unten der Suff; die Worte trieben in diesem Meer alkoholischer Befeuerungen, wozu sitzt man denn den ganzen Tag in einem stickigen, verrauchten Raum. Wenn sie sich wieder brav in der Whig Hall versammelten, um Gelesenem zu lauschen, dann erwachten sie mühsam aus einem langen Traum oder aus heftiger Verkaterung. Die Literatur war ihre Wirklichkeit, in die sie zurückkehrten. Also weiter im Text.

Bichsel war so grundsympathisch, dass niemand ihm Arges wollte, sein Humor war so milde, dass auch die Humorlosesten mitlachen konnten, und wenn er sich gelegentlich ins Biedermeierliche, ins Putzige verirrte, fand er doch immer wieder zurück, indem er Fallen auslegte, die Behaglichkeit mit Ironie pflasterte und ein Spiel mit der Fiktion betrieb. Seine Figuren waren Handpuppen der Willkür des Autors, seine Einfälle trieb er so weit ins Groteske, bis sich jegliche Bedeutung in Nichts aufgelöst hatte. Übrig blieb nur, dass unterdessen ein Text entstanden war, ein Text über das Verfertigen von Texten. Das konnte er nach Belieben und in beliebiger Länge und demonstrierte es nach Herzenslust. Kieninger hieß sein Held, doch alle im Saal verstanden Kiesinger und nannten ihn in der Diskussion so wie den CDU-Politiker, der sieben Monate später Bundeskanzler werden würde. Und wenn Bichsel diesen Kiesinger, dieses Strichmännchen einer abstrakten Kleinbürgerlichkeit am Ende platzen ließ wie einen Luftballon, dann, ja, dann war das vielleicht doch engagierte Literatur für die, die es so brauchten. Wenn er zeigte, dass in einem Text alles möglich war, dass sich dessen Wirklichkeiten und Unwirklichkeiten nach Belieben verschieben ließen, dass sich damit andere als die kleinen politischen Räume öffneten, war er auf seine Art so etwas wie ein Utopist – wenngleich nur auf Schwyzerdütsch, im Modelleisenbahnformat.

Richter musste zunächst um Aufmerksamkeit bitten und das Getuschel im Raum dämpfen, ermahnte namentlich Reich-Ranicki, der nicht aufhörte, mit Jens herumzuflüstern, rief dringlich »Marcel! Marcel!«, aber es nützte nichts, die beiden kicherten einfach weiter. So waren sie es gewohnt, schließlich telefonierten sie jeden Tag miteinander, um Literaturbetriebsklatsch zu ventilieren und über Neuerscheinungen zu sprechen. Das fehlte ihnen jetzt, wo sie beieinander saßen, und so simulierten sie das ausfallende Tagestelefonat direkt von Mund zu Ohr. Bichsel musste ein zweites Mal einsetzen, mit seiner hohen, knabenhaften Stimme drang er nicht durch, dann läuteten auch noch die Glocken, und dass er wieder aus demselben Manuskript las wie bei der Tagung vor einem halben Jahr, war ebenfalls keine glückliche Entscheidung. Was sollte man noch sagen dazu, und so sagte, als er fertig war, erst einmal keiner etwas, nicht einmal Reich-Ranicki, nur Richter fragte, ob denn niemand etwas sagen wolle, fragte es noch einmal, dringlicher, mit gerunzelter Stirn und unter seinen dichten Augenbrauen hervor, bis endlich Weiss ein Erbarmen hatte und sagte, es sage deshalb niemand etwas, weil man ja schon in Berlin alles gesagt habe, und Reich-Ranicki sich dann doch äußerte, dahingehend, dass einem Autor immer, wenn er zum zweiten Mal aus demselben Buch lese, genau das vorgeworfen werde, was beim ersten Mal noch gelobt worden sei, und das sei nicht recht. Kaiser pflichtete ihm bei: »Ich glaube, wir haben keinen Fehler gemacht, als wir ihm im vorigen Jahr den Preis gaben«, und Mayer glänzte mit einer weiteren Perlenkette seiner Interpretationskunst, sprach vom Wirklichkeitsmenschen und vom Möglichkeitsmenschen und davon, wie Bichsel die Übergänge dazwischen langsam, knirschend, sehr geschickt zu bewältigen wisse.

Doch keiner konnte so zuhören wie Richter, so sichtbar. Deshalb saß er ja vorne, damit er das Zuhören zelebrierte, damit neben Autor, Manuskript, Stuhl, Wasserglas, Thermoskanne, Aschenbecher auch der Zuhörer vorhanden war, ohne den alles Vorgelesene unvollständig wäre. Richter konnte so in sich versinken, dass er ganz und gar Zuhörer war und sonst nichts. Und wenn er wieder auftauchte und den Lesenden mit einem erstaunten Blick betrachte, als könne er sich beim besten Willen nicht daran erinnern, ihn eingeladen zu haben, dann war das kein gutes Zeichen. Diesen Blick musste der Autor noch vor der Kritik aushalten. Schlimmer noch, wenn Richter eine Lesung abbrach und mit dem Hinweis, das sei nun aber wohl genug, die Diskussion eröffnete. Als Kritiker betätigte er sich nie, ihm genügte der Blick von der Seite, und manchen Namen rief er so ungelenk auf, als habe er ihn noch nie gehört, als sei ihm vielmehr soeben ein Zettel zugeschoben worden, auf dem etwas stand, was er nur mühsam entziffern konnte. Wolfgang Promies las er so ab, Buchstabe für Buchstabe, kopfschüttelnd und mit hörbarer Verwunderung, und machte damit klar, dass er mit dem Folgenden nichts zu tun haben würde. Mathias Schreiber wurde so aufgerufen, zweimal nannte Richter den Namen, um ihn sich einzuprägen. Promies war Lektor bei Luchterhand, Schreiber würde dort bald einen ersten Gedichtband vorlegen, dann aber eine journalistische Laufbahn einschlagen, bei der FAZ und beim *Spiegel*. Nicht jeder, der hier las, war deshalb schon ein Schriftsteller, auch wenn der Auftritt als solcher diesen Glauben befestigen konnte, sofern kein Totalverriss folgte. Ein Schriftsteller ist eine Person, die sich der Illusion hingibt, es werde ein weiteres Buch von ihr erwartet, pflegte Lettau zu sagen. Denn es nützt dieser Person nichts, bloß ein einziges Buch geschrieben zu haben und womöglich auch noch einen Lyrikband, das kann jeder. Ein Buch macht noch keinen Schriftsteller, der fängt erst beim zweiten an und muss sich dann, Jahr für Jahr, aufs Neue beweisen. Nur wer weiterschreibt bleibt. Nicht zuletzt deshalb gab es die Gruppe als wiederholbares Ritual, als Bekräftigungs- und Bestätigungsmaschine. Schriftsteller sind sozial bedürftige Wesen.

Die Gruppe 47 diente auch dazu, sich in bestimmten Rollen zu erproben und versuchsweise die Seite zu wechseln. Autoren – allen voran Grass und Fried – betätigten sich als Kritiker, Kritiker – Jens, Baumgart, Höllerer, Ferber – traten als Autoren auf, und vielleicht empfanden sie sich sogar so. Das hatte Methode, das war erwünscht, denn wer sich einmal der Erfahrung des elektrischen Stuhls ausgesetzt hatte und wusste, was es heißt, kritisiert zu werden, der kritisierte vielleicht anders, weniger aburteilend, als darauf bedacht, Vorschläge zu unterbreiten, mit denen ein Autor weiterarbeiten konnte. So jedenfalls die Theorie, und so war es in der Anfangszeit im kleinen Kreis auch noch gewesen, als sie sich tatsächlich als eine Werkstatt empfunden hatten. Doch mit dem Anschwellen der Gruppe und dem Einzug der Berufskritiker – Reich-Ranicki war der erste Nur-Kritiker, mit dem Richter es zu tun bekam, der Erste, der auch gar nichts anderes sein wollte, weil er sich durch und durch als Kritiker empfand – beschleunigte sich die Metamorphose in eine Literaturbörse, an der Marktwerte gehandelt und von den Kritikern taxiert wurden. Die Kritiker blieben nicht weniger entschlossene Kritiker, nur weil sie sich zwischendurch einmal auf dem elektrischen Stuhl erprobten. Fried versuchte, Richter den Gedanken nahezubringen, dass nur noch teilnehmen dürfe, wer auch zu lesen bereit sei, notfalls eben kritische Essays, warum denn nicht, dann könnte man auch die Kritik einer Kritik unterziehen, dann müsse auch Reich-Ranicki, dieser Durch-und-durch-und-nichts-als-Kritiker etwas lesen, dann würde man ja sehen. Doch eben das wollte Richter nicht, denn dann hätte man womöglich über Grundsatzfragen sprechen müssen anstatt nur über einzelne literarische Texte, und das schien ihm zu gefährlich für seine Mission, die Gruppe in ihrem labilen Zusammenhalt nicht zu gefährden.

Walter Höllerer war jetzt dran. Wie eine getrocknete Eule saß er auf dem elektrischen Stuhl, zu klein geraten, um ihn zu füllen, selbst sein graues Jackett war ihm zu groß und stand an den Schultern ab. Die Beine hatte er übereinandergeschlagen, um das Manuskript, das in seinen Händen enormes Gewicht zu entfalten schien, im Schoß ablegen zu können. Tatsächlich sah er in seinen Bewegungen ganz so aus, wie Walser ihn einmal beschrieben hatte: als würde er ständig die Unabhängigkeit einzelner Körperpartien erproben, wenn er mit dem

Der Kritiker in der Rolle des Autors: Walter Höllerer vermisst
mit der Sprache das technische Zeitalter.

Kopf ruckte, den Oberkörper drehte oder die Schulter
in waagerechte Ausgangsposition brachte. Höllerer war
Literaturprofessor an der TU Berlin. Er hatte die Zeitschrift *Akzente* gegründet und gab die *Sprache im tech-*

nischen Zeitalter heraus. Er hatte nach dem Mauerbau das Berliner Literarische Colloquium – eine Kaderschmiede der jungen Literatur – ins Leben gerufen, um West-Berlin kulturelles Leben einzuhauchen. Auch in die deutsche Literaturlandschaft holte er die weite Welt herein, die junge amerikanische Lyrik der Beat-Generation zumal, die er in einer Anthologie versammelte und damit der deutschen Leserschaft zugänglich machte. In Gesamtheit seiner Verdienste, aber auch als Lyriker und Essayist, hatte er soeben den Fontanepreis erhalten – zum Unmut so manches weniger gut vernetzten Autors, dem diese an einen großen Romancier erinnernde Würdigung nicht recht einleuchten wollte.

Während Höllerer das Röhrensystem eines Hotels zur Großmetapher einer eher technisch-artifiziellen Prosaarbeit machte, Röhren, durch die allerlei Wort- und Gedankenfetzen, Telefonstimmen und viel Leere zu vernehmen waren, musste er gegen das Dröhnen eines Flugzeugs und eine Alarmsirene ankämpfen, die irgendwo auf dem Campus losheulte. »Unüberschaubar ist das«, las er, und kaum hatte er geendet, sprang der junge Österreicher mit der Mädchenfrisur auf, Handke hieß er, jetzt fiel Richter der Namen wieder ein, und entschuldigte sich prophylaktisch dafür, wenn er gleich unsachlich werde, aber er halte diese Prosa für nicht diskutabel und nicht druckbar, sie sei in einer völlig toten Sprache geschrieben, die ganze Geschichte völlig geistlos. In Handke hatte sich etwas aufgestaut, das war sichtbar, und wenn er nun ein wenig Dampf abließ, dann war das vielleicht nicht so klug, denn erstens reichte das nicht aus, um ihn zu erleichtern, und zweitens war als Nächstes dieser Handke selbst an der Reihe zu lesen. Mit seiner kleinen Wut blieb er erst einmal allein.

Auffallend jedoch, dass sich die Kritikerkollegen bei Höllerer zunächst vornehm zurückhielten. Weiss, wie immer seine kalte Pfeife im Mund, ergriff schon wieder das Wort, er hatte eine außerordentlich visuelle Geschichte gehört, und das interessierte ihn, musste ihn interessieren, weil er – aber das sagte er nicht – etwas Ähnliches, wenngleich sehr viel radikaler und überzeugender, in *Der Schatten des Körpers des Kutschers* selbst gemacht hatte. Kubistische Bilder seien das, sagte er, eine Collage, in der die Menschen nur als Bestandteile einer bildhaften Komposition vorkämen, da ließe sich beobachten, wie Sprache in der Bewegung zu einer Form finde. Das war ziemlich hochgegriffen, denn auch Handke hatte nicht so ganz unrecht gehabt. Grass lobte die streng gebaute, komplexe Erzählung, Enzensberger gab zu bedenken, ob es nicht etwas kürzer sein könnte hier und da, Fried aber fand es ganz außerordentlich gelungen, und so konnten nun auch die Kritiker ihr Urteil setzen, Zustimmung allenthalben, nur Kaiser hatte gelegentlich aufkeimende Langeweile empfunden und mit sorgfältig schräg gelegtem Kopf ein wenig gelitten. Aber er litt ja ganz gerne und brauchte das, weil er aus dem Leiden heraus seine Sätze entwickelte und ohne zu leiden den schönen, elegischen Tonfall, der sein Markenzeichen war, nicht geschafft hätte.

14

Handke hatte die schmächtige Statur eines Kleiderbügels. Er sah aus wie ein zur Prüfung zurechtgemachter Abiturient, der das weiße Hemd bis oben zugeknöpft und nur widerwillig das gute Jackett übergezogen hat. Krawatte aber trug er nicht. Vielleicht demonstrierte er mit dieser Weglassung, dass er einer anderen, der jungen Generation angehörte. Alles an ihm geriet zur Demonstration. Seine Brille entsprach in etwa dem Modell, das auch Fried trug, doch nur bei Handke sah es so aus, als wolle er damit etwas beweisen. Er wirkte wie eine Provokation, obwohl er sich so gar nicht dafür zu eignen schien. Für die Älteren, für Richter zumal, war dieser junge Mann aus Kärnten, der die Haare so lang trug, dass sie die Ohren fast bedeckten, eine unerhörte Erscheinung, ein Beatnik, ein Pilzkopf. Das also war Pop? Und wer im Anschluss an das Treffen in Princeton die Presseberichte las, in denen es stets und vor allem um Handke ging, als wäre er das zentrale Ereignis dieser Tage gewesen, der bekam den Eindruck, es mit einem echten Draufgänger zu tun zu haben, einem Bürgerschreck und Schrecken der bewährten Literatur. Dabei war er – vom Scheitel bis zur Sohle katholischer Internatszögling – vor allem schüchtern und eher leise als laut, Eigenschaften, die er nur überwinden konnte, indem er einen gehörigen Anlauf nahm. Sein Auftreten war der Beweis dafür, dass es durchaus möglich ist, sowohl schüchtern als auch – und zwar gleichzeitig – hochnäsig zu sein, ja, man kann sich auf die eigene Schüchternheit etwas einbilden, weil sie im Kreis der Vorlauten und Urteilsgewissen tatsächlich zu einem Vorzug wird.

Handke, vierundzwanzig Jahre alt, befand sich nicht mehr in Reichweite von Richters Verständnis. Richter war 57, die Generation, die ihm folgte, die zwanzig Jahre Jüngeren, Lenz, Grass, Walser, Enzensberger, die konnte er zur Not gerade noch begreifen, aber auch nur manchmal. Was danach kam, war eine andere, fremde Welt. Bei den Jungen konstatierte er eine beklagenswerte »Themenlosigkeit in einer Zeit, in der die Themen auf der Straße liegen«. Hans Mayer, Jahrgang 1907, gab offen zu, dass er bis zu Rühmkorf und Jürgen Becker folgen könne, die Größe eines Handke zu ermessen, bleibe ihm jedoch versagt, was natürlich einzig und allein gegen ihn, Mayer, spreche. Und Jakov Lind, Jahrgang 1927, wie Fried in Wien geboren und in London lebend, drehte die Sache um und sah das Problem nicht bei sich, sondern bei der nachfolgenden Generation, wenn er an Handke adressiert feststellte: »Die Jungen wollen nichts ›sagen‹, weil sie einfach nichts zu sagen wüssten.« Eine Literatur ohne Themen sei das und eine Sprache, die es fertig bringe, gleichzeitig wortreich und nichtssagend zu sein. Die Auseinandersetzung mit Hitler interessiere die Jungen nicht mehr, der Krieg sei für sie lange vorbei, und das Leben in der Wohlstandsgesellschaft gebe auch nichts her.

Man kennt diesen Tonfall, denn er hielt sich über die Jahrzehnte und gehört noch fünfzig Jahre später zum Standardrepertoire der etablierten Kritik gegenüber der

Der junge Österreicher Peter Handke wagt viel Muster und
nutzt die Pause zu einem Gespräch mit dem Berliner Collo-
quiumsjugendlichen Klaus Stiller.

jüngeren Autorenschaft (während die Jungen von damals
längst die Alten sind). Und wenn Lind einst beklagte, das
sei alles nur angelernt und eingeübt, dann nahm er vorweg, was in späteren Jahrzehnten zum Vorwurf der Lite-
raturinstitutsliteratur werden würde. »Sie fühlen zart
wie die sprichwörtlichen Mimosen und schreiben so trocken und leblos wie gestriges Laub«, klagte Lind. »Ihre
Überempfindlichkeit führt zu einem introvertierten
Herumkramen. Der Mensch? Das sind nur noch Hand,
Fuß und Kopfbewegungen. Seine Erlebnisse? Die Beob-
achtungen eines unbeteiligten Dritten. Seine Sprache?
Entweder verklammert in indirekter Rede oder formal-
banal.« Hildesheimer, schon in einiger Distanz und auch

in Princeton nicht dabei, schrieb mit einigem Entsetzen an Richter, die Jüngsten würden die Gruppe nur noch als Sprungbrett zum Erfolg benutzen, hätten eine eigene Mentalität ohne Bindung und ohne Zusammenhalt, ja, er glaube, »dass gewisse menschliche Eigenschaften bei den Jüngsten einfach verkümmert sind«. Damit wollte er nichts gegen sie gesagt haben, aber das Verständnis werde schwieriger. Das klang tatsächlich ziemlich alt, da war wirklich keine Verständigung mehr möglich zwischen den Generationen. Richter gab ihm recht: »Die Mentalität der Jugend ist eine andere und leider mir nicht sehr sympathisch.«

Das Durchschnittsalter der Gruppe schwankte, doch die Grau- und Kahlköpfe überwogen. Richter erkannte durchaus die Gefahr, die es bedeutet hätte, zum Veteranentreffen alter Herren herabzusinken, und bemühte sich stets darum, Junge und Allerjüngste einzuladen, manche sogar zu deren eigener Verblüffung. Doch längst war es nicht mehr so, dass Verleger bei den Gruppentreffen neue, unbekannte Autoren entdeckten, vielmehr sorgten sie dafür, dass Richter die Nachwuchsleute einlud, die sie bereits unter Vertrag hatten. Unseld war darin am geschicktesten, Suhrkamp-Kultur und Gruppe 47 waren eng miteinander verknüpft, und der innere Zirkel um Unseld – mit Walser, Johnson, Enzensberger, Weiss – gehörte auch zum Kern der Gruppe. Ebenso gelang es Unseld bei den Jüngeren – Handke vorweg –, den Suhrkamp Verlag ins Zentrum zu rücken. Und selbst bei einem Verächter vom Dienst wie Thomas Bernhard versuchte er das Unmögliche, fragte jedenfalls sanft nach, warum er »eigentlich nicht Teilnehmer solcher Tagungen« sei, und das umso mehr »bei gewissen schwachen Lesungen«, wie er sie in Princeton miterleben musste. Lediglich Handke habe sich dort »glänzend geschlagen und sich noch einen Namen gemacht«.

So gab es zwar einen Generationenbruch, aber zugleich eine Kontinuität: Suhrkamp. Hans Christoph Buch zum Beispiel war gerade mal neunzehn gewesen, als ein erster Text von ihm, den er an den Suhrkamp Verlag geschickt hatte, dann gleich in einer Anthologie erschienen war, und schon hatte er eine Einladung von Richter erhalten, dessen Name ihm gar nichts sagte. Und doch begann damit seine Existenz als Schriftsteller. Jetzt war Buch 22 und damit immer noch der Benjamin des Treffens. Die Vertreter der jungen Generation nutzten die Chance, die ihnen hier geboten wurde, doch sie betrachteten die Gruppenrituale mit einigem Befremden. Sie nahmen teil, gehörten aber nicht wirklich dazu, sie sprachen anders, schrieben anders und – so sah es der Kritiker Hans Schwab-Felisch, zehn Jahre jünger als Richter – »sie wackelten bedenklich mit den Köpfen, wenn ein noch nicht einmal ergrauter Professor wie Höllerer (Jahrgang 1922) oder Jens (Jahrgang 1923) zu einem perfektionierten Kurzseminar über ein Stück soeben verlesener Prosa ansetzte. Sie haben ihren eigenen, geschichtsfernen, nichtsdestoweniger sich selbst bereits historisierenden Horizont. Ihr Aufstand ist der Aufstand der Söhne gegen die Väter, die sie als Großväter begreifen.«

Als die Gruppe 1947 entstand, hatte Richter erfolgreich für die Abgrenzung gegenüber der älteren Generation gesorgt. Da waren sie die Jungen gewesen, die nach der Zäsur des Krieges die leergeräumte Bühne betraten. Gegenüber den Nachfolgenden bemühte er sich fortlaufend um Zuwachs. Da hatte er keine andere Wahl, auch wenn er wusste, dass die Gegensätze, die durch die Erneuerung entstanden, eines Tages nicht mehr auszugleichen sein würden. Je mehr dann die Jüngeren die Oberhand gewannen – und das war zwingend so, weil die Geschichte unaufhaltsam voranschreitet –, umso deutlicher wurde, dass die Nachkriegszeit und mit ihr die Zeit der Gruppe 47 zu Ende ging. Die sechziger Jahre der sich allmählich demokratisierenden und radikalisierenden Bundesrepublik schoben sich über das Nachkriegsdeutschland der fünfziger Jahre, das ging nicht ohne Brüche und Verwerfungen ab, das rieb sich aneinander wie tektonische Platten, mal abgesehen davon, dass die alten Platzhirsche ihre Stühle nicht freiwillig räumen wollten und dass das Neue immer in Auseinandersetzung mit dem Vorhandenen entsteht, auch wenn es noch nichts von sich weiß. Das Vergangene lässt sich nicht einfach beiseite räumen, sondern es existiert weiter, mit demselben Recht wie das Neue, und es lässt dessen Formen bereits erkennen, bis es irgendwann von alleine schwächer wird und verschwindet.

So war es innerhalb der Gruppe von Anfang an gewesen, als sich literarische Stile und Moden abgelöst hatten, die nicht immer klar voneinander abgetrennten Generationen entsprachen. Schon der Kahlschlagrealismus der Frühzeit, für den Wolfdietrich Schnurre, Böll und nicht zuletzt Richter selber standen, war durchsetzt von surrealistischen Versuchen Wolfgang Bächlers oder Ilse Schneider-Lengyels, ihrer allerersten Gastgeberin am Bannwaldsee bei Füssen. Die war noch im Boot über den See gefahren, um Fische zu fangen und ihre Gäste satt zu bekommen.

Aichinger und Bachmann stärkten ein paar Jahre später den poetischeren Ton, ehe mit Walser, Grass, Johnson, Enzensberger und Rühmkorf die zweite Generation und mit ihr die klassische Moderne Einzug hielt. In den frühen Sechzigern wurden sie von avantgardistischer Prosa abgelöst, Weiss gehörte mit *Der Schatten des Körpers des Kutschers* und dem *Gespräch der drei Gehenden* zu den Neuerern, obwohl er der Ältere war, aber auch Lettau, Kluge oder Gisela Elsner mit ihren *Riesenzwergen*. Die Grenzen verliefen nicht einfach zwischen den Jahrgängen und schon gar nicht zwischen politisch engagierter oder weniger engagierter Literatur. Ganz im Gegensatz zum linken Ruf, den sie genoss, war die Gruppe ein heterogenes Gebilde, in der das Politische allenfalls vermittelt eine Rolle spielte.

Dabei verlief die Entwicklung der Gruppe 47 nahezu parallel zur Entwicklung der Bundesrepublik, obwohl sich die Autoren doch immer als Opposition in der restaurativen Adenauer-Zeit gesehen hatten. Auf Kahlschlag und Neuanfang folgte die Phase des scheinbar unerschöpflichen Wachstums, das schließlich in eine selbstzufriedene Behäbigkeit und – im Jahr 1966 – in die erste große Krise einmündete. Am 30. Juli erschütterte das Wembley-Tor, das bekanntermaßen kein Tor war, das Gefühl der Deutschen, sich den Erfolg redlich verdient zu haben. Eine Rezession deutete sich an, Wirtschaftswachstum hörte auf, eine Selbstverständlichkeit zu sein, die Vorherrschaft der CDU ging zu Ende, und womöglich war diese zunehmende Unübersichtlichkeit ein Grund dafür, dass die politischen Widersprüche innerhalb der Gruppe aufbrachen. Der äußere Feind einte nicht mehr, und die SPD, auf die man sich zuvor noch hatte verständigen können, wurde bald zum Juniorpartner in der Regierung und war auch als Opposition gegen den Vietnamkrieg nicht brauchbar.

So kam es, dass die Gruppe bereits in ihre Einzelteile zu zerfallen begann, während sie die Phase ihrer größten Bedeutung erreichte – die im Übrigen sehr viel mit der Suhrkamp-Kultur und neuen Medien zu tun hatte. Zum ersten Mal erreichte die Gegenwartsliteratur wirklich relevante Auflagen. Es waren die Taschenbücher der 1963 gegründeten »edition suhrkamp«, die für diese Verbreitung sorgten. Schon deshalb hatte ein Verleger wie Unseld innerhalb der Gruppe 47 einen so großen Einfluss. Die Beatles lieferten 1966 den passenden Hit. Neben all den wundersamen Geschichten vom Aufstieg zum Rockstar gab es nun die Legende vom »Paperback writer«, der sein Manuskript, in dem es um einen jungen Mann geht, der gerne Schriftsteller werden möchte, an einen Verleger schickt:

It's a thousand pages
Give or take a few
I'll be writing more in a week or two
I can make it longer if you like the style
I can change it 'round
And I want to be a paperback writer
Paperback writer

If you really like it you can have the rights
It can make a million for you overnight
If you must return it you can send it here
But I need a break
And I want to be a paperback writer
Paperback writer.

Handke, dessen Debüt *Die Hornissen* gerade bei Suhr-kamp erschienen war, wurde eine Beatles-Frisur beschei-nigt. Buch, der mit ihm das Zimmer teilte, glaubte, als er es zum ersten Mal betrat, dort tatsächlich ein Mädchen im Bett vorzufinden. Wenn er nicht schlief, dann duschte Handke lang und ausgiebig. Oder las Kriminalromane. Er zog es vor, für sich zu bleiben, stand in den Pausen alleine herum und schloss sich auch den Alterskollegen nicht an, die sich aus Sicherheitsgründen zum eigenen Grüppchen formierten: Hermann Peter Piwitt, Peter O. Chotjewitz, Hans Christoph Buch, Klaus Stiller, F. C. De-lius. Wenn sie gemeinsam über den Rasen des Campus schlenderten, ging Handke, den sie nur noch »das Mäd-chen« nannten, in gehörigem Abstand hinter ihnen her, bis sie abends, ausgerüstet mit einer Flasche Whisky, einmal stehen blieben, um auf ihn zu warten, denn sie hatten fast ein bisschen Mitleid mit diesem scheuen Jüngling, den sie für jünger hielten als sich selbst. So geriet er dann doch zwischen sie, und sie nahmen alle nebeneinander auf einer Bank Platz. Er aber war weiterhin schweigsam. Erst als eine Studentin an ihnen vorbeiging, raffte er sich auf und rief ihr hinterher: »I want to fuck you!« Alle lachten, auch das Mädchen habe gelacht und sei weitergegangen, erinnerte sich Stiller später an die Szene. Handke habe zeigen wollen, was für ein Kerl er sei, und das konnte er offenbar nur mit einiger Anstrengung.

Nach dem Mittagessen in der Madison Hall, wo schwarze Kellner dampfende Schüsseln mit gefüllten Pasteten, Reis und Broccoli servierten und Wein ausschenkten, beobachtete Delius, wie Handke alleine auf einer Bank neben den Rhododendronbüschen saß und mit dem Kugelschreiber an seinem Manuskript herumbosselte, kurz vor seiner Lesung. Delius hielt das für töricht, jetzt war doch nichts mehr verbesserbar, er scheute sich aber, Handke anzusprechen, dem er zwei Tage zuvor beim Empfang im New Yorker Hotel Algonquin die Hand geschüttelt hatte, als sie einander vorgestellt worden waren. Delius war wie Handke ein stiller Beobachter, eine Randfigur, einer, den keiner kannte, und so hätten sie sich durchaus verbünden können, wenn Handke nicht so etwas Unnahbares hätte spüren lassen.

Nun saß er mit seinem korrigierten Manuskript neben Richter, der den Namen Peter Handke gleich dreimal hintereinander aufrief, als erwache er gerade aus tiefem Schlaf, dabei saß Handke ja längst da und kündigte einen Auszug aus einem Kriminalroman mit dem Titel *Der Hausierer* an. Kriminalromanhaft war daran aber nur die Tatsache, dass ein Toter vorkam, doch um den zu entdecken, musste man schon ziemlich genau zuhören, denn was Handke vortrug, war nichts als eine endlose Aneinanderreihung beschreibender Hauptsätze, Wahrnehmung folgte auf Wahrnehmung, das ähnelte in seiner Leblosigkeit auf verblüffende Weise dem Vortrag Höllerers, den Handke als geistlos gegeißelt hatte. Das hätte er über den eigenen Text ebenso gut sagen können, mit größerem Recht sogar, und vielleicht hatte er den ja auch gemeint, weil ihm in seinem anschwellenden Zorn zu dämmern begonnen hatte, dass er sich gar nicht so sehr von denen unterschied, die er so vehement abzulehnen entschlossen war.

Handke misstraute dem Erzählen, der Handlung, der Psychologie überschaubarer Figuren. Dass er dazu ausgerechnet das Genre des Kriminalromans nutzte, der ohne Handlung nichts ist, war eine gezielte Provokation, um damit erst recht deutlich zu machen, dass es allein auf die Dinge, die Wahrnehmung und die exakte Beschreibung ankomme. Wie mit der Kamera zoomte er auf den Gegenstand zu: ein Mann mit einer Wurstsemmel, die Wurstsemmel, das Salatblatt, das aus der Wurstsemmel heraushing, das Licht auf dem Salatblatt. Was da im Namen der Dinge gegen die traditionelle Erzähltheorie von Lessing bis Lukács aufbegehrte und etwas Neues zu sein behauptete, und was als Beginn der Popliteratur in die Literaturgeschichte eingehen sollte, war – gestärkt durch die Experimente des französischen Nouveau Roman und die Lektüre von Camus' *Der Fremde* – eher eine Rückkehr zu den Anfängen der Gruppe 47, zur Kahlschlagliteratur der Nachkriegszeit und ihrem nüchternen Realismus. Zurück zur Sprache! Zurück zu den Dingen! Handkes Credo war schon das der Gründergeneration gewesen. Wenn er die Avantgarde repräsentierte, dann erschien die Avantgarde im Gewand des Vergangenen. Die humorlose Folge von Hauptsätzen hätte Eich in aller Schmucklosigkeit einst nicht besser hinbekommen. Doch jetzt erschien dieses Programm plötzlich fremd und ungenügend, und Buch als der Jüngste wollte es sogleich verteidigen gegen Vorwürfe, die noch gar nicht erhoben worden waren: gegen den Vorwurf der Herstellbarkeit und der Austauschbarkeit der einzelnen Satzteile oder vielmehr Versatzstücke. (Wie berechtigt dieser Vorwurf aber gewesen wäre, zeigte der Abdruck in Höllerers Zeitschrift *Akzente*, für den Handke den Text kräftig durchschüttelte, als wäre er wirklich aus einzelnen Sätzen beliebig zusammenzurühren.)

Das Auditorium dachte jedoch nicht an Kahlschlagliteratur, sondern an Verbalakrobaten wie H. C. Artmann, Gerhard Rühm und Konrad Bayer, die allerdings mit gutem Grund keine Romane geschrieben hätten, sondern kurze Sachen. Das wollte man auch Handke raten. Jens, der mitgezählt hatte, war auf drei Relativsätze im ganzen Text gekommen, »und die waren schlecht«, er wollte das additive Prinzip aber trotzdem verteidigen, wohl wissend, dass es nicht mehr als eine Fingerübung ergeben könne, wie der Versuch, nur auf den schwarzen Tasten eines Flügels zu spielen. Grass fand's insgesamt sehr gelungen, Piwitt suchte vergeblich nach dem Leitmotiv, Baumgart fand es interessant, hatte sich aber gelangweilt, Reich-Ranicki hatte sich gelangweilt, ohne es interessant zu finden, und Kaiser wusste zwar, dass man sehr wohl einen Text aus nichts als Hauptsätzen verfertigen kann, wusste aber nicht, ob man ihn auch lesen möchte. Sätze wie »Angst ist immerhin ein Zeitvertreib«, fand er aber bemerkenswert und entdeckte schließlich sogar eine Spur von Leben in dieser leblosen Prosa, wenn die Klarheit, die Handke Satz für Satz fabrizierte, allmählich in Ungewissheit umschlug und so das öde positivistische Schema transzendierte.

Niemand merkte, dass es Handke darum ging, den Zusammenhang zwischen den Worten und den Dingen zu ergründen. Er wunderte sich bei jedem Satz darüber, dass man etwas sagen konnte und das Gesagte damit tatsächlich existierte. Immer deutlicher wurde ihm, dass vor aller Gesellschaftskritik die Kritik der Sprache stehen müsse. Was nutzte die Kritik an einer Gesellschaft, deren Sprachformen man kritiklos weiterbenutzte? »Wenn ich schreibe«, formulierte er ein paar Monate später sein Credo in *Akzente* – nein, Höllerer war nicht nachtragend und bot dem jungen Mann, der ihn in Princeton so heftig angegangen hatte, das Forum seiner Zeitschrift –, »interessiere ich mich nur für die

Sprache; wenn ich nicht schreibe, ist das eine andere Sache. Beim Schreiben lenkt mich die Wirklichkeit nur ab und macht alles unrein. Ich interessiere mich auch nicht, während der literarischen Arbeit, für eine Kritik an der Gesellschaft. Es geht einfach nicht darum. Es wäre mir widerlich, meine Kritik an einer Gesellschaftsordnung in eine Geschichte zu verdrehen oder in ein Gedicht zu ästhetisieren. Das finde ich die scheußlichste Verlogenheit: sein Engagement zu einem Gedicht zu verarbeiten, Literatur daraus zu machen, statt es gerade heraus zu sagen. *Das* ist Ästhetizismus, und diese Art von Literatur hängt mir zum Hals heraus. Ich schreibe von mir selber.« Das war nun wirklich die weitest denkbare Entfernung zu den Gedichten Frieds, zu den Dramen von Peter Weiss und zu jeglicher Engagiertheit.

15

Dass auf Handke gleich Lettau folgte, durfte Richter für einen klugen Regieeinfall halten. Lettau bewies, dass politischer und ästhetischer Anspruch sich eben doch vereinen lassen, wenn sie aus einer gemeinsamen Wurzel entstehen, wenn die gute Absicht nicht die Sprache zu etwas zwingt, sondern wenn sich direkt aus der Sprache nebenbei Wahrheit einstellt. *Feinde* hieß sein Text, eine Satire auf das Militär, in der das Wort Vietnam kein einziges Mal vorkam, und auch in der anschließenden Diskussion wurde es sorgsam vermieden. Und doch war diese Geschichte eine Waffe – nicht bloß gegen diesen Krieg, sondern gegen alle Kriege und gegen die Denkweise, die Kriege möglich macht. »Haben Sie gewonnen?«, wird der General gefragt, der, wie der Feldmarschall vermutet, von der Schlacht zurückkehrt ins Hauptquartier, um Bericht zu erstatten. »Ich habe den Feind nicht gefunden«, antwortet der General – und von diesem Satz aus entwickelte Lettau einen Slapstick, ein komisches Ballett militärischer Figuren, die, selber nichts als Schablonen, damit beschäftigt sind, den Feind zu erfinden. Denn auch wenn es den Feind nicht gibt, brauchen sie ihn, weil sie ansonsten sinnlos wären. Wie sieht er aus, der Feind? Er ist klein und zieht die Knie merkwürdig an beim Gehen. »Wie fasst sich der Feind an? fragte der Feldmarschall. Er fasst sich an wie der Herr hier, nur muss man sich bücken, um ihn anzufassen.« Auf das Ansinnen, er möge von der Schlacht berichten, antwortet der General wie folgt: »Ich habe den Herren schon mitgeteilt, dass die Auffindung des Gegners schwierig war.«

Bei Lettau gab es – wie in Handkes *Hausierer* – fast nur Hauptsätze, und falls jemand daran zweifelte, dass Texte, die aus nichts als Hauptsätzen bestehen, möglich und zugleich lesbar sind, dann war dies der Beweis. Außerdem arbeitete er mit kleinen grammatikalischen Verdrehungen, vorgezogenen Relativsätzen, so dass die Folge plötzlich zum Grund einer Sache wurde und die Argumentationen sich rein sprachlich um sich selber zu drehen begannen. Stil und Inhalt korrespondierten. Die entstehende Komik hatte etwas mit Verknappung zu tun. So wie er seine Sätze aufs Äußerste reduzierte, so beschränkte er auch das Geschehen beziehungsweise das Gerede auf einen einzigen Ort und auf wenige Figuren. Lettau trieb den Sätzen gekonnt ihren Sinn aus, übrig blieb die Absurdität der Handlungen, der Leerlauf der Rhetorik. Den Feind gab es nur in der Rede der Generäle, und doch schien er das einzig Lebendige, Individuelle zu sein. Wenn sie ihn doch nur entdeckt hätten, den Feind! Dann wären sie endlich gerechtfertigt.

Die Kritiker hatten nichts zu kritisieren außer ein paar Kleinigkeiten, doch sie wollten nicht mäkeln, sondern ergründen, weshalb der Text so gelungen war. Auch Kritiker brauchen ihre Rechtfertigung. Jens meditierte über das Oxymoron, »Bewegungsprosa« sagte ein anderer, Höllerer hatte auf einer Theaterbühne Figuren wie aus Blech gestanzt erblickt, Kaiser wusste, dass die Sätze nicht wussten, was sie an Erkenntnis produzierten, und dass gerade darin die Komik lag. Reich-Ranicki sah Lettau auf einem guten Weg, die sprachlichen Mittel seien alle schon da gewesen in seinen früheren Miniaturen, aber was in *Auftritt Manigs* oder in *Schwierigkeiten beim Häuserbauen* verspielt geblieben sei, habe nun einen neuen, politischen Ernst gewonnen. »Wenn man schreibt, muss man auch etwas zu sagen haben«, sagte Reich-Ranicki, als wäre er selber so ein General aus Lettaus Kabinettstückchen. Enzensberger schließlich ordnete den Text historisch und ideologisch korrekt ein, keine antimilitaristische, sondern eine kühne »postmilitaristische« Geschichte hatte er gehört, die das Phänomen unterlaufe, indem sie so tue, als gebe es gar keine Kriege mehr. Es handle sich um einen Nachruf auf den Krieg, darin liege die politische, die utopische Kraft.

Tatsächlich wirkte Lettaus Geschichte so unmittelbar entlarvend, wie das Gedicht von Fried, das den Namen des vietnamesischen Generals enthielt, niemals wirken konnte. Lettau stellte eine Hohlform zur Verfügung, die sich auf die Wirklichkeit legen ließ. Wer in Zukunft im Fernsehen einen Militär beim Reden beobachtete, hörte dazu Lettaus Text – und wusste Bescheid. Man konnte diesen Leuten dann nur noch mit Bedauern und leiser Rührung zusehen, wie sie sich abmühten und wie kindlich sie doch in ihren Haltungen blieben. Das war ein aus der Form gewonnenes Wissen, das nicht einzelne Argumente widerlegen musste, sondern die gesamte Struktur des Denkens ad absurdum führte. Danach waren tatsächlich keine Kriege mehr möglich – da hatte Enzensberger recht. Lettaus *Feinde* mündeten in Pazifismus, ohne das je auszusprechen.

Auch Richter konnte diesen Text unbesorgt passieren lassen, weil er aufs Allgemeine zielte und nicht bloß auf die USA. Dabei legte er doch eben deshalb eine viel kräftigere Lunte. Seltsames Phänomen: Kritik darf fundamental wirksam sein, wenn sie dabei innerliterarisch bleibt (und nur dann *ist* sie fundamental), doch sie darf diesen Raum nicht verlassen, denn dann wäre sie ein Politikum (obwohl sie damit viel schwächer wird). Es ging also darum – und darüber wachte Richter –, die Sphären getrennt zu halten und unerlaubte Grenzübertritte zu verhindern. Autoren galten absurderweise erst dann als politisch, wenn sie eine Resolution verfertigten und unterschrieben oder wenn sie, wie Weiss, in einem Interview erklärten, gegen den amerikanischen Krieg in Vietnam zu sein. Politisch wäre also nur der, der sich wie ein Politiker geriert und auch die Sprache der Politik benutzt. Dabei hätte doch zumindest unter Literaten die Einsicht verbreitet sein können, dass Literatur das wirksamere Politikum ist, und zwar umso mehr, je stärker sie sich auf sich selbst besinnt, auf die Sprache und auf die Form, in der sich das Denken ereignet. Doch von dieser Erkenntnis – Enzensberger hatte sie erfasst, Handke ausgesprochen – wurde die Versammlung der Schriftsteller nur ahnungsweise gestreift. Und so trennten sie also die Literatur und die Politik, als ob das möglich wäre oder als ob das Engagement eine Zutat wäre, mit der man die Literatur würzen könnte wie mit dem Salz die Suppe. Diese Vorstellung brachte der Begriff »Engagement« mit sich; wer ihn benutzte, der musste so denken. Doch Lettaus Geschichte war nicht bloß »engagiert«, ganz und gar nicht. Sie war auf fundamentale Weise politisch.

Damit unterlief Lettau zugleich alle Debatten um »Solidarität«, wie die zwischen Weiss und Enzensberger, die ihre Kontroverse im 1965 gegründeten und von Enzensberger herausgegebenen *Kursbuch* schon bald öffentlich austrugen. In Ausgabe Nummer 2 hatte Enzensberger sich über Doktrinäre mokiert, die im »neuen

Klassenkampf« zwischen der dritten und der ersten Welt »eindeutig Partei« ergriffen zugunsten der Unterdrückten. Das fand Enzensberger ein bisschen schlicht, solange man selbst gutsituiert zu Hause blieb und die armen Länder nur aus Studienreisen kennenlernte. Solidarität war erst einmal nicht mehr als ein Wort: Keine Tat und keine Vorstellungskraft würden ausreichen, »um sich in die Lage eines schwarzen Grubenarbeiters, eines asiatischen Reisbauern zu versetzen. Wir sitzen an der Peripherie, wir haben gut reden«.

Da fühlte Weiss sich ganz zu Recht angesprochen. Das wollte er, der sich mit seinen »Arbeitspunkten« gerade zum Sozialismus und zur Eindeutigkeit bekannt hatte, nicht unwidersprochen stehen lassen und hielt dagegen: »Auch wenn wir nicht als Sklavenarbeiter in einer afrikanischen Kupfergrube stecken oder mit Napalmbrandwunden auf einem nordvietnamesischen Reisfeld liegen, so haben wir doch die Fähigkeit, die Anlässe zu ergründen, die zu diesen Situationen führen.« Und so, behauptete er, als Ergründer der Ursachen, komme man »denen, die daran zugrunde gehen, sehr nahe«. Aufklärung war demnach eine Tat, und Solidarität sehr wohl vom Schreibtisch aus möglich. Für Weiss gab es keine Trennungslinie zwischen Erster und Dritter, reicher und armer Welt, sondern überall nur den Gegensatz zwischen Ausbeutern und Ausgebeuteten. Wenn er an Enzensberger die Sag-mir-wo-du-stehst-Frage richtete, dann aus der Entschlossenheit heraus, die auch ein Resultat seiner Lebensgeschichte war. Das Bewusstsein, als Jude

Auschwitz entkommen zu sein, dem Ort, für den er doch bestimmt gewesen war, führte bei ihm unmittelbar zu dieser moralischen und politischen Verantwortung. Genauso umstandslos setzte er die Ausgebeuteten aus den armen Ländern mit den Opfern des Faschismus gleich, wenn er diejenigen, »deren Kräfte heute einem Verschleiß bis zur Vernichtung ausgesetzt werden«, mit den »Wehrlosen in den faschistischen Konzentrationslagern« verglich. Enzensberger warf er vor auszuweichen, er halte an seinen schönen Zweifeln fest, um nicht »Farbe bekennen« zu müssen. »Auf wessen Seite stellen wir uns?«, fragte Weiss. »Diese Frage richte ich an Hans Magnus Enzensberger.«

Der zögerte nicht lange und antwortete mit Spott und Häme und in einem Tonfall, den ansonsten eher die politischen Gegner von rechts gegen die sogenannten Linksintellektuellen anschlugen, die sie allesamt für Kommunisten oder von Moskau bezahlte Agenten hielten. »Unsere selbsternannten Vorbilder sind solidarisch mit den Unterdrückten«, schrieb Enzensberger in seiner Replik. »Sie bekennen Farbe. Wir andern hingegen sitzen in unseren Fünf-Zimmer-Wohnungen. Wir schreiben ja nur. (…) Dagegen Peter Weiss und andere! Die gefährden sich. Die kämpfen. Die haben nichts zu tun mit der Gesellschaft, in der sie leben. Die sind ausgetreten. Die stehen Schulter an Schulter mit dem schwarzen Grubenarbeiter in den Kupferminen von Transvaal, mit dem asiatischen Reisbauern in den Feldern von Süd-Vietnam, mit dem peruanischen Indio in den Vandium-Bergwer-

Der Kritiker Dieter E. Zimmer benagt seine Notizen, während
der Schriftsteller Peter O. Chotjewitz sich auf seinen Auftritt
im Dichter-Outfit konzentrieren muss.

ken. (...) Sie zeigen uns, mit ein paar Interviews, wie
leicht Solidarität zu verwirklichen ist: mit ein paar Interviews.«

1966 dämmerte bereits das Zeitalter politischer Bekenntnisse herauf. Das machte sich auch bei denen
bemerkbar, die sich, wie Enzensberger, der Bekenntnis-
pflicht gerne entzogen hätten. Doch auch die Verwei-
gerung geriet zum Bekenntnis, wenn er schrieb: »Ich bin
kein Idealist. Bekenntnissen ziehe ich Argumente vor.
Zweifel sind mir lieber als Sentiments. Revolutionäres
Geschwätz ist mir verhasst. Widerspruchsfreie Weltbil-
der brauche ich nicht. Im Zweifelsfall entscheidet die
Wirklichkeit.« Das war ein schönes Bekenntnis. Aber

was sollte das heißen? Welche Wirklichkeit? War die etwas objektiv Gegebenes, unabhängig von der jeweiligen Perspektive? Und wenn er Weiss vorwarf, zwar sehr viel Entschiedenheit, aber wenig konkrete politische Vorschläge anzubieten, dann galt das für ihn und seine sogenannte Wirklichkeit nicht minder.

16

In Princeton aber gehörten Weiss und Enzensberger noch gemeinsam zur Fraktion derer, die gegen den Vietnamkrieg protestierten. Wohl nicht ganz zufällig waren es vier im Ausland lebende Autoren – die jüdischen Exilanten Weiss und Fried aus Stockholm und London, der in Oslo lebende Enzensberger und der US-Bürger Lettau –, die zum Ärger Richters an Veranstaltungen der amerikanischen Opposition teilnahmen. Sie mussten sich weniger Sorgen darum machen, man könnte sie für Repräsentanten der Bundesrepublik halten. Im Ausland hatten sie gelernt, für sich alleine zu stehen und auf sich angewiesen zu sein. Sie waren dadurch freier geworden, freie Radikale. Vielleicht ermöglichte ihnen der größere Abstand zur deutschen Tagespolitik den weiteren Blick.

Die Emigranten, die jüdischen zumal, waren und blieben Außenseiter in der Gruppe 47. Celan hatte das 1952 in Niendorf an der Ostsee erlebt, auch Reich-Ranicki, weniger leicht abzuschrecken, empfand das so und registrierte sehr genau, dass Richter in seinen schriftlichen Erinnerungen bei keinem von ihnen, auch nicht bei Hildesheimer und bei Mayer, ein Wort über ihre jüdische Herkunft verlor. Das Wort »Jude« kam bei Richter nicht vor. Es lag Reich-Ranicki fern, ihn deshalb antisemitischer Ressentiments zu verdächtigen, aber ein Symptom war es doch, etwas, das Richter zu einem typischen Vertreter seiner Generation machte. Jahre, Jahrzehnte nach dem Ende des Krieges blieb das Verhältnis zum Judentum verkrampft und unehrlich, das Wort »Jude« zu benutzen war kaum möglich, ohne dabei zusammenzuzucken, deshalb ließ man es lieber weg. Darüber wurde nicht gesprochen, und wenn, dann nur auf verquere Weise, unfreiwillig, aus dem Verschwiegenen heraus.

Weiss erlebte diese Fremdheit in Princeton hautnah. Da wurde ihm deutlich, wie wenig zugehörig er in der Gruppe geblieben war, aller Erfolge und aller Teilhabe zum Trotz. Die Sache ging ihm so nahe, dass er sie lange aus seinem Gedächtnis löschte und sich erst Jahre später vorsichtig daran zurückerinnerte, als er die demütigende Szene in seinem Notizbuch beschrieb. Zusammen mit Lettau hatte er an einem abendlichen Sit-in der Studenten gegen den Vietnamkrieg teilgenommen, allerdings ohne sich dort in den Vordergrund zu spielen. Selbst die *New York Times* bestätigte den deutschen Gästen ihre vorbildliche Zurückhaltung, während amerikanische Intellektuelle, vor allem Susan Sontag, das große Wort geführt hätten. Doch Weiss war bei Richter schon mit dem unglückseligen Interview unangenehm aufgefallen, in dem er den Eindruck hinterlassen hatte, im Namen der gesamten Gruppe gesprochen zu haben. So reichte jetzt ein kleiner Anlass, um Richters Misstrauen erneut zu wecken. Richter bestellte ihn und Lettau zu sich in sein Hotelzimmer. Als die beiden klopften und hereingerufen wurden, war Grass bereits zur Stelle; offenbar hatte Richter ihn zur Verstärkung dazu gebeten. Grass tat so, als wäre er nur zufällig hier, lümmelte im Sessel und drehte sich eine Zigarette. Doch es war klar, dass er Richter unterstützte, auch wenn er erst einmal nur zuhörte und rauchte. Länger als ein paar Minuten konnte er sich sowieso nicht zurückhalten, wenn es um die Frage der politischen Einmischung ging. Richter ging im Zimmer auf und ab, Weiss sog nervös an seiner Pfeife, Lettau hustete.

Weiss gibt den Vorfall wie folgt wieder: »Im Hotelzimmer eines der Senioren der Gruppe 47 sitzend, wurden wir zur Rechenschaft gezogen. Es hieß, dass wir als ›deutsche Schriftsteller‹ nicht das Recht hätten, uns in amerikanische Angelegenheiten einzumischen. Ich sagte, dass ich nicht als Deutscher, auch nicht als Schwede, sondern als Antiimperialist zu der Veranstaltung gehen würde. Wir waren dann auf die Notwendigkeit zu sprechen gekommen, sich gegen Brutalitäten zur Wehr zu setzen, wo auch immer sie auftraten. Auch Kritik an Deutschland, sagte ich, hielte ich nicht zurück, weil ich in Schweden ansässig sei. Und dann kam es: du kannst dich über Deutschland nie äußern, du bist draußen gewesen, in der Sicherheit der Emigration, wir waren drinnen, wir haben am Krieg teilgenommen. – Dies war es, was ich immer wieder gespürt hatte, wenn ich in Deutschland war, und was oft im Ungewissen blieb: dieser einmal vollzogene, definitiv gewordene Bruch.« Und dann schrieb er noch den Satz: »20 Jahre waren an ihnen abgelaufen wie Regenwasser.«

Wir Kriegsteilnehmer. Wir waren drinnen und dabei. Lautete so das zentrale Selbstverständnis der Gruppe? Bei den allerersten Treffen ab 1947 gewiss. Aber dann waren doch bald schon ganz andere Figuren mit prägend geworden, homogen war die Gruppe nie gewesen, und »drinnen« oder »draußen« gewesen zu sein kein Zugehörigkeitskriterium. Ein schärferer Gegensatz aber als Grass und Weiss war kaum denkbar: hier der Sozialdemokrat, der sich eingerichtet hatte in der Bundesrepublik, da der Sozialist, der seinen Ort suchte und im Osten gefunden zu haben glaubte; hier der Selbstgewisse, Standpunktgefestigte, Engagierte, da der Zweifler, der sich gerade erst zur politischen Entschiedenheit entschlossen hatte; hier der einstige Hitlerjunge mit seinem SS-Geheimnis, da der jüdische Exilant mit seinem Trauma; hier der Sinnenfrohe, da der asketische Ästhet. Der Gegensatz war von Anfang an zwischen ihnen spürbar gewesen, hatte also vor Princeton bereits eine längere Vorgeschichte. Weiss registrierte das mit feinem Sensorium; Grass konnte ihn einfach nicht leiden. Gegenüber Willy Brandt hätte Grass ja dieselben Vorbehalte haben können – denn auch der war während des Krieges »draußen« im Exil gewesen und hatte dort einen anderen Kampf zu kämpfen gehabt als die Soldaten der Wehrmacht. Aber da zählte der Unterschied nicht. Weiss durfte die grasssche Aversion also durchaus persönlich nehmen.

1962 hatte Richter ihn zum ersten Mal eingeladen, in eine Villa am Wannsee – das Literarische Colloquium wurde dort erst ein Jahr später gegründet. Weiss empfand die Einladung als Anerkennung seiner Arbeit, kam mit großen Erwartungen, geriet dann aber in eine Versammlung, in der es nur so »schwirrte von Rankünen, Eifersüchten, Rivalitäten, Machtkämpfen, Kulturpolitik«. Er hatte gehofft, aus der künstlerischen Einsamkeit des Exils herauszufinden, hatte auf vorbehaltlose handwerkliche Diskussionen gehofft, sah sich nun aber mit Gruppenbildungen innerhalb der Gruppe konfrontiert, mit Intrigen und Selbstinszenierungen. Grass scharte seine Getreuen um sich, andere sammelten sich um Enzensberger, um Walser, um Höllerer. Höllerer war es auch, der Weiss an den Suhrkamp Verlag empfohlen hatte, Enzensberger hatte sich dort für ihn eingesetzt. Beide verhielten sich jetzt freundlich, aber zurückhaltend. Als er aus dem *Gespräch der drei Gehenden* las, gefiel es Enzensberger gut, Grass weniger, der fand, wie Weiss sich später erinnerte, der Autor verhöhne seine Figuren und bezeichnete den Text als amoralisch und antihumanistisch – ausgerechnet! Wusste er doch, dass Weiss sich als Moralist und Humanist verstand.

Trotzdem war Weiss einer der Favoriten, als es zur Abstimmung um den Preis der Gruppe kam – Richter hatte sich wieder einmal dafür entschieden. Die Prozedur der

Auszählung erlebte er wie ein Pferderennen, bei dem er am Ende nur knapp, um Halseslänge, gegen Bobrowski unterlag, der eine Stimme mehr erhielt. Das mag ein freundlicher DDR-Bonus gewesen sein, oder aber ein Suhrkamp-Malus, weil die Penetranz, mit der Unseld seine eigenen Verlagsautoren in der Gruppe zu platzieren wusste, doch so manchem auf die Nerven ging. Weiss notierte, nicht ohne ein Gefühl der Scham: »Wir rasten dahin auf der Bahn. Oh, worum ging es hier? Warum schrieben wir? Für wen schrieben wir? Warum blieben wir gebannt sitzen, warum flüchteten wir nicht? Waren wir selber fasziniert von dem unheilvollen Zwang, zum Besten zu werden?«

Die Preisvergabe war der Moment, in dem der verborgene Charakter der Gruppe zum Vorschein kam. Da war das, was einmal Werkstatt und Kollegengespräch gewesen war, endgültig umgeschlagen in eine PR-Maschinerie, in der um Marktchancen konkurriert wurde. Vielleicht war der Preis in den fünfziger Jahren noch harmlos gewesen, ein Spiel, nicht mehr. Damals hatte der Sieger tausend Mark erhalten, jetzt immerhin schon siebentausend, die Richter bei verschiedenen Verlagen einsammelte. Mit der wachsenden Bedeutung der Gruppe wuchs zugleich die Bedeutung des Preises, der damit seine Unschuld verlor. Dann stand der eine gegen den anderen, dann war die Literatur kein offenes Feld der Möglichkeiten mehr, sondern ein Entweder-Oder, Bobrowski oder Weiss, und weil Weiss das deutlich empfand, schämte er sich. Weil Richter ebenfalls die Gefahr erkannte, war er so zögerlich darin, den Preis auszusetzen. Nachdem er in der Anfangszeit jährlich vergeben worden war, kam es inzwischen nur noch alle drei oder vier Jahre dazu – als könnte diese Verknappung den Prozess aufhalten, der die Gruppe 47 in ein Instrument des Literaturbetriebs verwandelte.

Ein Jahr später, 1963 in Saulgau, las Weiss erneut, dieses Mal aus seinem *Marat*, der soeben fertig geworden, aber noch nicht uraufgeführt worden war. Zu Richters Verblüffung brauchte er dafür eine Trommel, ohne Trommel wäre ihm das Lesen ganz und gar unmöglich, doch natürlich hatte niemand eine Trommel, und woher sollte man in Saulgau eine Trommel auch nehmen. Der Hotelier vermittelte schließlich den Kontakt zum Reiterverein, von dort traf eine kleine Trommel ein, und Weiss trommelte den Takt zum Song von der Vendée. Das hatte Grass wieder nicht gefallen: Die Trommel war doch wohl sein Markenzeichen. Und so sagte er zur Lesung nur, dass Weiss schlecht getrommelt habe. Auch nach der Uraufführung im Berliner Schillertheater zeigte er seine Ablehnung; so jedenfalls steht es in Weiss' Notizbüchern.

Lange habe er versucht, so Weiss an anderer Stelle, den Bruch innerhalb der Gruppe zu leugnen, der mit der Verschiedenheit ihres Hintergrunds zu tun hatte. »Ich bin auch jetzt noch nicht gewiss, ob ich mir, mit dem Exil, ein Gebrechen zugezogen habe, das unheilbar ist, und alle meine Reaktionen prägen muss, oder ob denen, die einmal aus Deutschland vertrieben wurden, für immer etwas anhaftet, was sie gegenüber den andern, die hier

beheimatet sind, als eine Art Aussätzige kennzeichnet.«
Diese Fremdheit war ihm sehr bewusst, doch sie war
nicht alles. Zugleich ergab sich eine Gemeinsamkeit daraus, dass sie alle, egal welcher Herkunft, die deutsche
Sprache benutzten und in deutscher Sprache schrieben.
Es kam Weiss aber so vor, als würde das bei Leuten wie
ihm, die »von außen« kamen, als Anmaßung empfunden, als müssten sie sich rechtfertigen dafür, wenn auch
sie »Anspruch erhoben auf die deutsche Sprache« und
sich damit in ein Revier eindrängten, das nicht ihres war.

Dabei übersahen die im Deutschen so sehr Beheima-
teten jedoch, welch prekäres Verhältnis er zu seiner Sprache unterhielt, ja, dass es eine ständige Herausforderung
für ihn war, sie sich zu bewahren. »Vor allem aber bleibt
die Herstellung einer Zugehörigkeit zur Sprache mir
selbst überlassen«, notierte er. »An mir liegt es, die Kluft,
die seit der Abtrennung vom Land meiner Herkunft entstand, zu überwinden und das, was *zum Fehlenden werden musste,* durch neue Werte zu ersetzen. Ich habe oft
gemeint, dass längst an die Stelle der Unzugehörigkeit in
meinem Leben der Internationalismus getreten ist.
Immer wieder empfand ich, wohin ich auch kam, so weit
wie bis Cuba, bis Vietnam, dass eine Gemeinsamkeit entstand mit Menschen, deren Wirklichkeitsbild ich teilte,
und dass die Sprache nur ein Arbeitsinstrument war,
völlig unabhängig von einem bestimmten Land. Doch
dann wieder, wenn ich an die unsäglichen Mühen denke,
die es mich kostete, in einem fremden Land zurück-
zufinden zu der Sprache, die sich eingegraben hatte in

die tiefsten Schichten meiner Erinnerungen, und dann diese Sprache, ständig umringt von andern Sprachlauten, funktionsfähig zu halten, muss ich diese Sprache als etwas ungemein Gebrechliches, Fragwürdiges ansehen, als etwas, das uns in keiner Silbe gegeben ist, das uns nicht, wie anderen, die tatsächlich in ihrer Sprache leben, bei jedem Schritt zufliegt, und das wir uns unaufhörlich selbst schaffen müssen.«

Deshalb war Weiss so skrupulös in jeder seiner Wortäußerungen und nahm alles so ernst. Deshalb war er Antiimperialist, Internationalist und Marxist geworden. Deshalb hatte er den Auschwitzprozess besucht und die *Ermittlung* geschrieben. Deshalb kämpfte er gegen den Krieg in Vietnam. All das war seine Geschichte, seine Herkunft, seine Ortschaft und sein Platz in der Welt, aus der er herausgefallen war und die er sich nur mit der Sprache und politisch zurückerobern konnte. Und Grass? Wie wäre dieser Zusammenstoß abgelaufen, wenn da der Jude, der Auschwitz entkam, ganz offen und ehrlich einem Mann gegenübergestanden hätte, der als Junge von der Waffen-SS rekrutiert worden war? Hätte das Gespräch dann so verlaufen können, wie es verlief? Hätte diese konträre, schicksalhafte Eingebundenheit nicht einen ganz anderen, gemeinsamen Blick auf ihre Biografien erzwungen? Doch Grass' Geschichte blieb Geheimnis, und darüber hinaus hatten beide, Richter und Grass, vergessen oder nicht zur Kenntnis genommen, dass Weiss Jude war. Und doch war das alles ja da, wenngleich verborgen.

So wie Weiss sich aus seiner Herkunft heraus verstand, ließe sich auch Grass in seinem politischen Engagement aus seiner Geschichte heraus verstehen, als einer, dessen Bedürfnis nach Wiedergutmachung auch ein sehr persönliches Bedürfnis war, und der sich deshalb umso entschiedener für die junge Demokratie und die Sozialdemokraten einsetzte. So geduldig und aufgeschlossen er sich in den literarischen Diskussionen zeigte, so unduldsam wurde er in politischen Zusammenhängen, denn da musste er recht haben, auf Teufel komm raus. In der Konferenz über »Schriftsteller in der Wohlstandsgesellschaft«, die sich am Montag, den 25. April 1966 an die Tagung der Gruppe 47 anschloss, teilte er kräftig aus – vor allem in die Richtung von Weiss. Sich selbst stilisierte er ironisch als »schreibenden Hofnarren«, denn jener närrische Schriftstellertypus, der »in irgendeinem Außenministerium persönlicher Berater sein möchte«, konnte doch nur er selber sein, der bald schon zum persönlichen Berater Willy Brandts werden würde. Als Wahlkampfhelfer, als Freund und später als eine Art Kanzlerbegleiter gab er Brandt mehr als nur »ein paar« Ratschläge, die nicht befolgt wurden. Er schrieb ihm Brief auf Brief mit dezidierten politischen Handlungsanleitungen, gesprochen aus der Position des großen, grassschen, politischen Bescheidwissertums, Anweisungen, an die Brandt sich aber nicht hielt. So machte Grass sich gezielt zum Narren. Als Narr war er stark. Und also proklamierte er nun das Narrentum.

Ein Narr zu sein, also ein Schriftsteller, der sich vor

Böse Zungen bezeichneten ihn als den gruppeneigenen Verleger. Dagegen wusste Klaus Wagenbach sich aber zu wehren.

dem politischen Tagesgeschäft nicht scheut, war Weiss nicht genug. Weiss trage, so Grass, vor allem die reine Gesinnung vor sich her, wenn er sich plötzlich als »humanistischer Schriftsteller« bezeichne. Das kam Grass so vor wie ein weißer Schimmel, und im Übrigen sei dieses Adjektiv bereits zu Stalins Zeit verhunzt worden, doch nicht einmal das habe der »mit allen Sprachwässerlein gewaschene Dichter und Poet« bemerkt. Stattdessen reise »der humanistische Schriftsteller Peter Weiß« – Grass schrieb ihn hartnäckig mit ›ß‹ – »von Schweden kommend« – auch das klang vorwurfsvoll – »in die soeben anerkannte DDR ein und meldet seinen Besuch beim Staatsratsvorsitzenden Walter Ulbricht an.« Das sollte lustig sein, und in satirischer Zuspitzung malte er dann aus, wie der humanistische Schriftsteller dem Staatsratsvorsitzenden den guten Rat gebe, den Schießbefehl an der Mauer aufzuheben, und schon am nächsten Tag werde der Vorschlag in die Tat umgesetzt und außerdem gleich alle Zuchthäuser in Kindergärten verwandelt. So verhöhnte er den Gesinnungsdichter, den Bekennenden, den Prediger. Grass selbst erschien dagegen als der heroisch Unheroische, der seinen »demokratischen Kleinkram« betrieb und gerade dadurch die Welt zu ändern vermochte.

Politik machen hieß, Kompromisse eingehen – Schreiben aber setzte Kompromisslosigkeit voraus. Diese Spannung galt es auszuhalten. Darin lag Grass' selbstempfundener Heroismus. Aber damit war noch nicht geklärt, was den Schriftsteller überhaupt qualifizierte, sich als »Hofnarr« in den Politikbetrieb zu begeben. Was unterschied ihn, wenn er nicht schrieb, sondern Politik machen wollte, von allen anderen, die das ebenfalls wollten? Warum reichte es nicht aus, auf die politische Wirksamkeit der Literatur zu vertrauen? Dafür plädierte Böll, so schrieb Lettau (und zeigte, dass es geht), und auch Peter Weiss hatte nicht nur Bekenntnisse formuliert, sondern mit der *Ermittlung* ein Theaterstück vorgelegt, das enorme politische Wirksamkeit entfaltete. Grass verortete das Politische auf der Ebene der Parteien; das war in der Tat eine heroische Haltung. Doch was hatte er dort – außer seinem Namen und seiner Prominenz – zu bieten? Schriftsteller sind nicht die besseren Politiker; wären sie es, würden sie aufhören, Schriftsteller zu sein. Grass aber verstand es, sein Engagement für die SPD zugleich als Publicity in eigener Sache zu betreiben, schließlich ist jeder Auftritt und jede Art, im Gespräch zu bleiben, auch gut fürs Geschäft.

Grass sei »der vielleicht machthungrigste Mensch in der Gruppe«, schrieb Fried nach der Tagung in einem langen Brief an Richter, der sich zunächst ausschließlich um Grass drehte und um dessen »Hofnarren«-Rede in Princeton. »Ich fand diese Rede so scheußlich, einen so unverschämten Missbrauch der Fähigkeit, schillernde Wortgebilde aufzurichten«, schrieb Fried mit erkennbarem Abscheu vor dieser »kaum verhüllte(n) Beweihräucherung des eigenen Tuns, selbstgefällig genau auf Maß zugeschnitten«. Er verstehe nicht, »wie ein intelligenter, begabter, erfolgreicher Mann sich zu so einem Angriff auf Peter Weiss hinreißen lassen« könne, »noch dazu in Amerika« und »voller Missgunst bis ins Kleinste«. Er sage das ohne jede persönliche Gehässigkeit, sagte Fried nicht ganz ungehässig, aber die Gedichte, die Grass vorgetragen habe, seien nicht besonders gut gewesen, und auch wenn Grass nicht der geheime Diktator der Gruppe sei – ganz sicher war Fried sich da aber nicht –, gehe zwar nicht die Gruppe an ihm, aber sehr wohl der Schriftsteller Grass am Publicity-Mann und Wahlredner zugrunde: »Ich bin nicht der einzige, der von der Princetonrede und überhaupt von Günters Gehaben nachgerade die Nase voll hat.«

Was sollte Richter dazu sagen? Grass war einer seiner engsten Vertrauten, sein Freund und SPD-Mitkämpfer, und so sagte er zunächst einmal gar nichts, und erst als Fried ein paar Wochen später nachfragte, ob denn der Brief auch angekommen sei, antwortete er missmutig: Grass habe nie versucht, Einfluss auf Angelegenheiten der Gruppe zu nehmen, auch wenn er durch seine Persönlichkeit eine dominierende Stellung besitze. An Grass könne die Gruppe nicht kaputt gehen, »wohl aber an sich selbst, d. h. an ihren inneren Widersprüchen, die ich zwanzig Jahre lang ausbalancieren konnte, zur Zeit aber – und das wirst du verstehen – habe ich nicht viel Lust, diesen Kraftakt fortzusetzen.« Nein, auf Grass wollte Richter nichts kommen lassen, denn der hatte der Sache immer die Treue gehalten. Und war Fried, auch wenn er nicht ganz Unrecht hatte, nicht einfach bloß ein Intrigant? Ihm mache das alles keinen Spaß, literarische Feindschaften und Zänkereien seien ihm zuwider, hatte Fried geschrieben, um im selben Atemzug mitzuteilen, dass er einen Brief von Böll erhalten habe, aus dem klar hervorgehe, dass Böll in Bezug auf Grass ganz ähnlich denke. Fried blieb bei seiner Meinung: Bei allem Verständnis für die einem Künstler notwendige Egozentrik, betrachte er die Art, wie Grass sie politisch kompensiere, als Gefahr für die Gruppe.

17

Die Lesungen folgten in erprobtem Gleichmaß aufein-
ander. Wer von Richter aufgerufen wurde, nahm auf
dem elektrischen Stuhl Platz, um von der Kritik ge-
schmeidig beurteilt und einsortiert zu werden. So lief
das seit Jahren, es lief ja, aber wozu? War da noch etwas
anderes als routinierte Betriebsamkeit? Lebte das noch?
Helmut Heißenbüttel hatte schon 1965 die letztgültige
Beschreibung des Verfahrens geliefert, sie war überall
anwendbar und galt auch für Princeton: »Walter Höllerer findet sehr viel an subtiler Substanz Walter Jens
findet weder Theologie noch Libretto Alexander Kluge
findet eine sehr interessante Abkehr von der Rhetorik
Günter Grass findet das nun einmal eine pausbäckige
Angelegenheit Hans Mayer findet den Text sehr schön
Günter Grass kommt es auf den langen Atem an Marcel
Reich-Ranicki will nur nicht gleich aufhören zu kritisieren wenn es sich nicht um avantgardistische Kunststü-
cke handelt Hans Mayer findet es schwer etwas zu sagen
er ist sehr bewegt und findets wunderschön Joachim
Kaiser hat keinen Kunstfehler entdeckt Hans Werner
Richter wundert sich über sich selbst«. So ging das immer
weiter in Heißenbüttels »Gruppenkritik«, die so klang,
als hätte eine Textmaschine mit Zufallsgenerator aus be-
liebigen Modulen etwas Inhaltsloses zusammengesam-
pelt. Gleichwohl handelte es sich um realistische Versatzstücke, mitstenografiert auf den Tagungen, doch aus
dem Zusammenhang herausgelöst, so dass sie jeglichen

Sinn verloren und sich zu einer einzigen großen Frage aufwarfen: Na und? Ist alles, was Literatur vermag, denn wirklich nur, Hans Mayer zu bewegen? Ist alles, was Kritik leistet, bewegt worden zu sein oder auch nicht? Und wo bleibt die Ekstase, die Epiphanie? Wo bleiben Wahrheit und Schönheit?

Der zweite und der dritte Tag plätscherten so dahin. Es galt, die Mühen der literarischen Ebenen zu durchleiden. Die Kritiker verrichteten ihre Arbeit mit gedämpfter Freude an der eigenen Eloquenz, und weil die meisten Texte doch eher fad waren, platzte gelegentlich einem der Kragen. Das gerade Gehörte war dann nur ein Anlass, der Groll galt der Summe der Darbietungen, der eigenen Müdigkeit, dem Restalkohol und diesem Gefühl, das tatsächlich nicht von der Hand zu weisen war: Warum, zum Teufel, saßen sie hier in Princeton, bloß um sich anzuhören, was doch in einer Gastwirtschaft in der Eifel viel entspannter möglich gewesen wäre? »Why Princeton?«, fragte auch die *American German Review* in einer kleinen Sonderausgabe zur Begrüßung der deutschen Dichter, aber nur, um erst gar keine Zweifel aufkommen zu lassen. Nicht nur die Bedeutung Princetons für deutsche Exilanten während der Nazizeit wurde dort ins Feld geführt, die vor demselben Grauen geflohen waren, gegen das so viele der Gruppe-47-Autoren in ihren Werken opponierten, wie es dort hieß. Zudem verwiesen die amerikanischen Germanisten auf die Princetoner »Writers in Residence«, Saul Bellow, Philip Roth, William Meredith, die daran erinnerten, dass Literatur immer auch etwas mit der gegenwärtigen Welt zu tun habe. So verorteten sie Princeton zwischen Vergangenheit und Gegenwart, Europa und Amerika, zwischen Autorschaft und öffentlicher Herausforderung.

Und dennoch: Wäre eine Tagung in der Eifel nicht aufregender gewesen? Wären dort vielleicht sogar überraschendere Texte vorgetragen worden? In Princeton hatte man den Eindruck, keiner wollte sich als Gast der Universität danebenbenehmen, so dass sich jeder im Zweifelsfall für die bravere Geschichte aus seinem Repertoire entschied, falls es Auswahlmöglichkeiten gab. In Berlin, ein halbes Jahr zuvor, da war es fortwährend um Lust und Leidenschaft gegangen, da schien es so, als hätte sich die deutsche Literatur geschlossen aufgemacht, die Sexualität zu erkunden, um das libertäre Zeitalter einzuleiten. Und jetzt: Nichts davon. Alles ein wenig prüde und fleischlos, und wenn der Leib doch einmal vorkam, dann zumeist nur in Gestalt eines Kopfes, der sich etwas denkt.

Auf Klaus Roehlers hölzerne Familiengeschichte folgten Gedichte von Peter O. Chotjewitz, dessen Name Richter so sehr beschäftigte, dass er ihn, nachdem er ihn einmal sorgsam tastend ausgesprochen hatte, gleich noch einmal vor sich hin murmelte und dabei das Anfangs-ch auskostete: Chotjewitz. War das denn zu glauben? Dringend bat er um Ruhe und darum, doch bitte keine weiteren Gäste mitzubringen, das gehe wirklich nicht, es sei schon viel zu voll, wie solle man da noch diskutieren? Unkonventionell an diesem Ch-otjewitz waren weniger die Gedichte in all ihrer Formlosigkeit als der Habitus, wie er dasaß mit dunkler Brille und Zigarette im Mundwinkel, mehr Rockmusiker als Lyriker. Auf der Straße trug er ein ähnliches Schirmmützchen wie Handke, dazu ein hellbraunes Lederwams. Er wirkte wie einer, der sich in ein Dichterkostüm geworfen hat, um als solcher Anerkennung zu finden, doch die Kritiker stellten ihm erbarmungslos das Zeugnis Ungenügend aus, selbst Fried gab, wenn auch bedauernd, ein Nicht-Ausreichend zu Protokoll.

Chotjewitz berichtete im Nachhinein, dass es ihm nach der Tagung schlecht gegangen sei, auch körperlich – so wie es anderen Autoren seiner Generation nach ihren Lesungen ebenfalls schlecht gegangen sei, die diese Art des Umgangs miteinander weniger leicht wegsteckten, als sie nach außen zu erkennen gaben. »Die Tagungen waren für uns Junge, von der Atmosphäre her, ein (...) ziemlicher Frust, und die Leute versuchten sich an den Abenden und unmittelbar nach den Tagungen auf die merkwürdigste Weise zu entladen«, gab Chotjewitz zu. Bei Reinhard Baumgart, gleich nach der Mittagspause, musste Richter schon wieder um Ruhe bitten und sogar seine Kuhglocke schwenken, und er versuchte, die Stimmung ein wenig aufzulockern: »Können wir ohne Hänschen Mayer beginnen? Ah da kommt er ja!«, und zu Baumgart auf dem elektrischen Stuhl gerichtet: »Du hörst das gehässige Gemurmel bereits.« Doch die Müdigkeit nach dem Essen war so groß wie die Fleischstücke, die ihnen aufgetischt worden waren, und als mit Christian Ferber sich dann gleich noch ein Kritiker als Erzähler versuchte, wollte man schon beim Titel »Präsens, dritte Person« einschlafen.

Erst bei Gabriele Wohmann kam die Streitlust wieder in Gang. Als sie ankündigte, sie habe verschiedene Geschichten dabei, eine mit acht und eine mit fünfzehn Minuten, erregte sie eine unerklärliche Heiterkeit im Saal, und als sie hinzufügte, die längere sei bereits zwei Jahre alt, rief Jens, jovial die Hände reibend, aus der ersten Reihe: »Sie kann ja alt und trotzdem gut sein!« Und Richter, schlechter gelaunt: »Das interessiert uns alles nicht.« Die Geschichte handelte von einem Ehepaar, das wie jedes Jahr in ein Hotel am Meer reist, und alles scheint wie immer, nur dass die Erzählerin dieses Mal von einem Geliebten begleitet wird, der plötzlich ungelenk im Zimmer steht. Strandspaziergang, Händchenhalten, der erste Kuss eher widerwillig, die Erotik wird »erledigt« wie ein Pflichtprogramm, und dieses »erledigt« schien, so behauptete Reich-Ranicki, das Schlüsselwort. Im allerletzten Satz der Geschichte wird dann klar, dass der Ehemann seit einem Jahr tot ist, seine Anwesenheit sich also nur in der Erinnerung ereignet, es sich folglich um keine Dreiecksgeschichte handelt, sondern bloß um erotische Witwenskrupel am Ende des Trauerjahres. Das war für manchen eine Enttäuschung.

Weiss meldete sich zuerst: Wieder so eine Geschichte, wie man sie allzu oft zu hören bekomme, ein Dahinwanken, unberührt von der Welt, ihm entlocke das trotz verzweifelten Bemühens nur eine einzige Reaktion, näm-

Gabriele Wohmann (schwarz, stehend) hat ihre schwere
Stunde noch vor sich. Inge Jens (hinter ihr) ist nur als germa-
nistische Gattin dabei. Victor Lange (links) in der Rolle des
Gastgebers. Und das alles unter den Augen eines amerikanischen Präsidenten aus der Ahnengalerie.

lich herauszufinden, was Autoren dazu treibe, derartige
Geschichten aufzuschreiben. Ob ihm das mal jemand
erklären könne? Mayer assistierte, regelrecht verärgert
über dieses konsequenzlose Herumerinnern. Haben wir
das Bier aus der Flasche oder aus dem Glas getrunken?

War es überhaupt ein Bier? Und haben wir überhaupt etwas getrunken? Du lieber Himmel! Nichts habe ihn während der ganzen Tagung so enerviert wie diese belanglose Geschichte, was solle das? Karasek hielt dagegen, sagte aber nicht viel mehr, als dass er es ausgezeichnet gefunden habe, und Reich-Ranicki erntete wieder einmal brüllendes Gelächter mit dem Hinweis, dem Vernehmen nach gebe es auch heute noch Dreiecksgeschichten und Erotik: Warum also nicht davon erzählen? Das sei bei Wohmann doch atmosphärisch dicht, elegisch und dabei niemals süßlich dargestellt. Ach, das war gar keine Dreiecksgeschichte? Na, auch egal, trotzdem gut.

Und dann geschah etwas Ungeheuerliches: Eine Grundsatzdebatte deutete sich an, also das, was in der Gruppe 47 streng verboten war. Alle wussten, dass es immer nur um den einzelnen Text und seine Machart gehen durfte, aus gruppendynamischen Sicherheitsaspekten, und nicht um Allgemeines, nicht um das »Was« einer Erzählung, sondern um ihr »Wie«. Und jetzt stand auf einmal der Gegenstand zur Disposition, als ob es grundsätzlich falsch wäre, über Beziehungsangelegenheiten und Privates zu schreiben in politisch bewegter Zeit. Kaiser verstand nicht, warum Mayer und Weiss sich derartig »politisch engagiert« erregen mussten, warum sie von jeder Geschichte, und sei es die Beschreibung einer Sonnenblume, einen politischen Gegenwartsbezug verlangten. Das hatten sie zwar nicht gesagt, in ihrer Verärgerung aber anklingen lassen. Dabei, so Kaiser, habe Wohmann doch gezeigt, was von der Liebe nach hundertfünfzig Jahren Bürgertum übrig geblieben war: eine traurige Schrumpfform. Er plädierte gewissermaßen dafür, dass auch das Private politisch ist, auch wenn diese bald populär werdende Formel, die rasch zur Modephrase werden würde, in Princeton noch nicht griffbereit herumlag. Aber, so Kaiser weiter, man solle doch bitte vorsichtig sein, und nicht gleich alles mit der Breitseite des politischen Engagements plattbügeln. Das fand Mayer wiederum »ungezogen«: Es sei, nach all den gehörten Texten, an der Zeit, einmal Bilanz zu ziehen, obwohl er wisse, dass über allgemeine Fragen nicht gesprochen werden dürfe. Er schaute zu Richter, doch der machte keine Anstalten, ihn zu unterbrechen, also sprach er weiter. Kaum einer der Texte habe unmittelbares politisches Engagement erkennen lassen, aber doch wenigstens das Bemühen, Gestalten zu schaffen und zur Sprache zu bringen, die einen Bezug zu unserer Erfahrung hätten. Deshalb sei Augustin so großartig gewesen mit der Jugendgeschichte eines Monstrums. Deshalb Lettaus *Feinde* über das Problem der menschlichen Entfremdung. Deshalb auch das »März«-Gedicht von Grass. Wohmann dagegen: miserabel in Fraktur und Mentalität; ein merkwürdig kokettes Sympathisieren mit unhaltbaren Zuständen und Menschen.

An dieser Stelle hätte die Debatte über engagierte Literatur öffentlich werden können. Dann hätte Grass jetzt schon – und nicht erst auf der anschließenden Konferenz der Princeton University – sagen können, dass ein engagierter Autor ein weißer Schimmel ist; Weiss hätte widersprechen können, Fried und Enzensberger hätten zu vermitteln versucht, Handke seine sprachkritischen Überlegungen anbringen können und so weiter. Doch stattdessen verließ Mayer erregt schnaubend den Raum, das machte er immer, wenn er sich heftig ärgerte, dann dampfte er richtig und musste raus. Und Jens erhob sich, stückelte mit den Händen die Worte zurecht und brachte alles wieder dahin zurück, wo es hingehörte: auf die handwerkliche Ebene, denn da war Wohmanns Geschichte seiner Meinung nach missglückt, unentschieden zwischen hochgespannten poetisierenden Wendungen und realistisch schlichter Tagebuchprosa.

Wohmann nahm die ganze Aufregung vorschriftsgemäß schweigend zur Kenntnis. So viel männliches Geschrei wegen einer kleinen Liebesgeschichte – so viel Erregung ausgerechnet dann, wenn nach einer langen Reihe langweiliger Männer endlich mal eine Frau, eine schöne Frau, lesen durfte, deren Text ganz bestimmt nicht schlechter war als all die vorherigen Belanglosigkeiten. Jahrzehnte später sprach sie in einer Fernsehdokumentation über ihre Princeton-Erfahrung: Es wurde sehr viel getrunken dort, sagte sie. Sehr viel. Dann nach längerer Pause: Die Pausen waren wichtig. Die Abende. Und die Lesungen? Ach, die Lesungen, ach wissen Sie. Sie habe ja auch Verteidiger gehabt, aber trotzdem war es schwer, so verrissen zu werden und das auszuhalten. Und was sich ansonsten Wichtiges ereignet habe auf diesen Zusammenkünften? Nichts. Überhaupt nichts. Es hat sich gar nichts ereignet.

18

Aber etwas ereignete sich doch, kurz vor Schluss, am abschließenden Sonntag, als niemand mehr damit rechnete. Handke ereignete sich. Die begeisterungsfreien Reaktionen auf seine Lesung aus dem *Hausierer* saßen ihm noch in den Knochen. Mit seiner Höllererverärgerung war er auch nicht weit gekommen. Und dann hatte er sich der Reihe nach Heinz Weder, Rolf Haufs, Klaus Stiller, Richard Hey, Wolfgang Meier und Jörg Steiner angehört, noch so eine Geschichte aus lauter Hauptsätzen, wo Beobachtung auf Beobachtung folgte, das war wohl der neueste Trend. Schließlich kam Hermann Peter Piwitt dran, der am *Hausierer* ebenfalls ein bisschen herumgemäkelt hatte, nicht dass Handke das vergessen hätte, aber im Grunde war es ihm egal, die hatten sowieso alle keine Ahnung, und um Piwitt ging es ja auch gar nicht, wer war Piwitt, der spulte nur sein Zeugs herunter, Sentimentalitäten, Liebesgeschichte, Wannsee, und als er endlich fertig war, meldete Handke sich zu Wort, um all das zu sagen, was er schon lange hatte sagen wollen, schon zu all diesen Texten zuvor, die er sich seit vorgestern mit wachsender Qual angehört hatte, und zu diesen unerträglichen Ergüssen der Kritiker, die sich umso mehr aufgeilten, je weniger Anlass es dazu gab. »Mal wieder Handke«, erteilte Richter ihm lustlos das Wort, weil er ahnte, was nun folgen würde, inzwischen kannte er ihn ja, aber Handke hörte schon gar nichts mehr, so sehr war er aufs eigene Sprechen konzentriert.

Wie geplant, wie berechnet seine Rede war? Delius wollte gesehen haben, dass er sich vorbereitet und einen Notizzettel mitgebracht hätte. Handke selbst beharrte in allen späteren Darstellungen darauf, spontan reagiert zu haben. Doch auch wenn er nicht kalkuliert handelte und der Auftritt nicht inszeniert war, gelang ihm eine geschickte Publicity in eigener Sache – eine persönliche Vorwegnahme seiner *Publikumsbeschimpfung*, die sechs Wochen später in Frankfurt in der Regie von Claus Peymann uraufgeführt werden würde. Die Gruppe 47 brachte er damit zwar nicht zum Einsturz, aber er wurde auf einen Schlag bekannt. In der Nachmittagslethargie des leeren dritten Tages entfaltete sein mehr gestammelter als aggressiv vorgetragener Generalangriff auch deshalb so eine Wirkungswucht, weil Handke, »das Mädchen«, in seiner katholischen Internatsverklemmtheit dem so gar nicht entsprach, weil er so wirkte, als müsse er sich entgegen seiner Natur zum öffentlichen Auftritt zwingen. Umso dringlicher schien, was er zu sagen hatte. Wenn das Teil eines Kalküls gewesen sein sollte, dann wäre er allerdings ein beängstigend gerissener Bursche gewesen. Er selbst nahm für sich in Anspruch, nichts von der Gruppenregel gewusst zu haben, dass immer nur über den soeben gehörten Text gesprochen werden durfte. Hätte er die Regel gekannt, hätte er geschwiegen und sich so den Vorwurf, mutig gewesen zu sein, erspart, behauptete er nach der Tagung. Andererseits: Als Richter sah, wie sich nach dem kleinen Eklat die Fotografen um Handke scharten und er dem Jüngling prophezeite, dass er jetzt ja wohl bald in den *Spiegel* kommen würde, soll Handke erwidert haben: »Das weiß ich, und das will ich ja!«

Das Auditorium staunte über das, was es zu hören bekam, und die Presseleute schrieben mit, weil sie endlich eine Attraktion erlebten. Gleich Handkes erster Satz, sicher nicht ganz spontan, machte sie hellwach, wenngleich er zögerlich, tastend und mit einem nur halbwegs unterdrückten österreichischen Akzent vorgetragen wurde: »Ich bemerke, dass in der gegenwärtigen deutschen Prosa eine Art Beschreibungsimpotenz vorherrscht.« Und die Tirade ging weiter: »Man sucht sein Heil in einer bloßen Beschreibung, was von Natur aus schon das Billigste ist, womit man überhaupt nur Literatur machen kann. Wenn man nichts mehr weiß, dann kann man immer noch Einzelheiten beschreiben.« So steigerte er sich langsam hinein in seine vielleicht nicht ganz spontane Wut und verstieg sich zur provisorischen Feststellung, »eine ganz, ganz unschöpferische Periode in der deutschen Literatur« sei angebrochen, in der es keinerlei Reflexion mehr gebe.

Da setzte Gemurmel ein im Saal.

Immerhin würdigte Handke, dass mit Metaphern inzwischen vorsichtiger umgegangen werde als in der »alten Literatur«, aber das sei auch bloß eine Negation, die einzige Errungenschaft der »neuen Literatur« sei ein Weglassen, und dann, stammelnd: »dass also die Fehler oder Klischees der alten Literatur zwar abgeworfen wurden, dass aber das Heil keineswegs in einer neuen Position gefunden wurde, sondern in einer ganz primitiven und öden Beschränkung auf diese sogenannte ›Neue Sachlichkeit‹«. Schrecklich konventionell sei das, was er gehört habe, öde und »den Geschichten der früheren Zeiten fürchterlich ähnlich«.

Die Unruhe im Saal nahm zu.

»Das Übel dieser Prosa besteht darin, dass man sie ebenso gut aus einem Lexikon abschreiben könnte. Man könnte den Sprachduden, diesen Bilderduden verwenden und auf die einzelnen Teile hinweisen. Und dieses System wird hier angewendet und wird vorgegeben, Literatur zu machen. Was eine völlig läppische und idiotische Literatur ist.«

Jetzt lachten die Ersten.

Es war nicht zu entscheiden, ob sie über diesen in seiner Erregung nicht ganz unkomischen Jüngling lachten oder ob es ein schadenfrohes Gelächter war, ein einverständiges Endlich-sagt's-mal-einer-Lachen. Handke ließ sich nur kurz irritieren und stotterte weiter: »Und die Kritik, und die Kritik, und die Kritik ist damit einverstanden, weil eben ihr überkommenes Instrumentarium noch für diese Literatur ausreicht, gerade noch ausreicht, gerade noch hinreicht.«

Wieder schwoll das Gelächter an, jetzt lachten die, die vorher nicht gelacht hatten. »Weil diese Kritik genauso läppisch ist wie diese läppische Literatur.« So ging das noch eine Weile weiter, in redundanten Schleifen, die immer wieder das Wort »läppisch« aufnahmen, bis Richter endlich begriff, dass das, was sich da ereignete, nicht ging, nie gegangen war und ganz und gar nicht vorgesehen war, und er sich also aufraffte, um Handkes gar nicht mehr enden wollenden Monolog zu unterbrechen.

Richter: Herr Handke, es ist hier nicht üblich, eine literarhistorische Rede …

Handke: Jaja, darf ich noch etwas sagen?

Richter: Sie müssen zum Text sprechen.

Handke: Jaja, ich …

Richter: Bitte.

Handke: Also es ist überhaupt so eine Literatur, dass die sogenannte deutsche Gegenwart vorkommt. Es muss irgendwo, hinter der Rose muss irgendwie auch Auschwitz auftauchen, wenn auch nur in einem sogenannten Nebensatz oder ganz beiläufig, oder ganz lässig muss es da sein. Wobei man gar nicht bedenkt …

(Gelächter)

Richter: Ja, ich habe nicht so viel Zeit, Herr Handke, wir wissen jetzt genau, was Sie meinen.

Zwischenrufer: Lassen Sie ihn doch ausreden!

Richter: Naja, gut, weiter.

Zwischenrufer: Aber keine Demonstration!

Handke: Naja, ich möchte nur sagen …

Richter: Fassen Sie sich kurz. Bitte. Bitte, Herr Handke, Sie sind dran.

Handke: Ich fasse mich so kurz wie möglich. Aber das ist, glaube ich, notwendig.

Richter: Aber kein Seminar. Kein Seminar.

Handke: Man sagt zwar, man wisse, was man nicht mehr schreiben dürfe, nicht, und man beschränkt sich nun auf diese gegenständliche Prosa. Und man schreibt also Sachen, die beschreiben nur Gegenstände. Man weiß zwar, was man schreiben darf als Wiederholer, aber man weiß nicht, was man schreiben soll, nicht? Das ist, glaube ich, das Grundproblem dieser … dieser ganz dummen und läppischen Prosa.

Richter: Ja.

Da zuckte schon niemand mehr zusammen, das Läppische hatte sich nach der x-ten Wiederholung verbraucht, und wer mit Beschreibungsimpotenz einsetzt, der müsste dann im Beschreiben des kritisierten Zustandes selbst ein bisschen präziser und ein bisschen weniger impotent sein. Grass stand auf, nicht um zu widersprechen, sondern um zu retten, was zu retten war: Warum, fragte er, müssen die Germanisten denn auch noch schreiben? Warum reicht es ihnen nicht, Germanisten zu sein? Warum müssen sie sich in Romanen versuchen? Er hätte statt Germanisten auch Kritiker sagen können, Höllerer, Jens, Baumgart und so weiter, aber seinen Freund Höllerer meinte er ja gar nicht. Er verteidigte die Sache der Literatur gegen Handkes Angriff, indem er neue Grenzen zog und das Läppische und alle Impotenz den schreibenden Germanisten zuschob. Die Fragwürdigkeit dieses Versuchs offenbarte jedoch Hans Mayer, indem er auf die Doktoren der Germanistik Walser und Enzensberger und auf seinen Leipziger Germanistik-Schüler Johnson verwies. Germanistenprosa? Muss also nicht unbedingt immer ganz schlecht sein.

Eigentlich war gar nicht zu überhören gewesen, dass

Handke nicht das Randphänomen schreibender Germanisten, sondern das Zentrum der Gegenwartsliteratur
ins Visier genommen hatte, nämlich sich selbst. Er kritisierte zielgenau seine eigene Schreibweise, denn alles,
was er sagte, passte auf ihn und seinen *Hausierer* so gut,
als hätte er das Exempel reflexionsfreier Beschreibungs-
impotenzprosa sicherheitshalber schon einmal selbst
geliefert. Handkes Aggression war zugleich eine Auto-
aggression und vielleicht eine verborgene Einsicht ins
eigene Ungenügen. Jakov Lind griff die Handke-Rede bis
in die Wortwahl hinein auf, als er ein paar Wochen später im *Spiegel* dessen *Hornissen* als Beispiel dafür nahm,
dass die junge Generation nichts mehr zu sagen habe.
Lind wiederholte Handkes versteckte Selbstkritik, die
dann aber, als Angriff von außen, von diesem nicht
als Wiederholung erkannt, sondern als Unverschämtheit
aufgefasst wurde. »Was Lind sagt, sagt er halt«, schrieb
Handke daraufhin in den *Akzenten.* »Den Fortgang der
Literatur wird er nicht aufhalten. Mich stört nur, dass er
mein Buch benutzt, um – wie andre – seine Aggressions-
sammlungen gegen junge Schriftsteller loszuwerden.«
Nur: Was unterschieden Handkes Aggressionen von
Linds Aggressionen? Es waren doch seine eigenen Worte.

Jahrzehnte später, gegenüber seinem Biografen Malte
Herwig, erinnerte Handke sich dann so, als habe er in
Princeton nur gegen die Kritiker gewettert und gar nicht
so sehr gegen die Literatur. Da sagte er: »Der Grass war
der einzige, der zu den Texten der Jungen feine, bildliche
Analysen geliefert hat. Alle anderen waren geduckt, der

arme Peter Weiss hat gar nichts gesagt, der Uwe Johnson saß mit seiner Lederjacke herum und hat einen roten Kopf gehabt, und ich hab gesagt: Wie können diese drei Leute, die zumindest ich verehrt hab damals – Grass, Johnson und Weiss –, wie können die sich von diesen Jammergestalten wie dem Reich-Ranicki, der da kräht und schreit und die Menschen niedermacht … Das sind doch keine Schriftsteller alles. Das geht nicht. Ein, zwei Tage hat es natürlich in mir rumort, dass ich dachte: das gibt's doch nicht, dass solche Dörrpflaumen da rumschreien und meine verehrten Schriftsteller … Wie können die von Schreibern so reden, diese Typen da. Walter Jens war ein kümmerlicher Nachhall, frei nach Jakob Böhme, von dem Oberkreischer Reich-Ranicki und der Hans Mayer …, die saßen da und haben geächzt und gestöhnt und geschwitzt, als ob sie in der Folterkammer wären, dabei haben sie die anderen gefoltert. Meine Idealität von einem Schreiber: das geht doch nicht, dass man über andere, die gerade gelesen haben, da herumschmettert, als ob das Insekten wären. Frei nach Franz Kafka. So kam das.«

19

Die Dörrpflaumen, Hans Mayer zumal, nahmen Handkes Ausbruch jedoch durchaus wohlwollend auf, und falls der Mädchenjunge (an diesem Tag mit gewagtem

Pfeffer-und-Salz-Jackett über kariertem Hemd) eigentlich sie gemeint haben sollte, dann hatten sie das freundlich überhört. Mayer stimmte Handke so beredt zu, dass er damit wiederum Richter verärgerte, weil er erstens und respektloserweise Richter den Rücken zuwandte und nur zum Auditorium sprach und zweitens Handkes emotionaler Tirade mit seiner Kritikeradelung erst die Bedeutung verlieh, die sie Richters Ansicht nach überhaupt nicht hatte und auch nicht verdient hatte. Die Stimmung im Saal war nach Handkes Rede richtig gut; schon währenddessen war viel gelacht worden. Der Ausbruch aus dem Routineablauf erzeugte Erleichterung und Heiterkeit, so dass sogar Mayer brüllendes Gelächter erntete, als er in sein Plädoyer den mit gespitztem Mündchen vorgetragenen Satz einfließen ließ: »Was Handke meint, ist Folgendes: ...« Das klang nach Selbstironie eines Kritikers, war aber ironiefrei vorgebracht, denn Ironie war Mayers Stärke nicht. In Sachen Thomas Mann wusste er zwar durchaus gelehrt über Ironie zu sprechen, doch er verfügte nicht darüber, und so kam sie, wenn sie denn kam, unfreiwillig zur Geltung. Handke habe zwar keine Lösungen präsentiert, aber doch die richtigen Symptome benannt, obwohl mit Piwitt der falsche Text zum Auslöser geworden sei. »Ja, warum soll ich Handke nicht gegen Handke verteidigen?«, setzte er fort. »Die Literatur, die wir hier in vielen Fällen erlebt haben, ist eine Literatur, die Reflex einer neurestaurativen, biedermeierlichen Gesellschaft ist, deren typische Züge ein Quietismus, ein Establishment ist. Insofern hat Handke vollkommen recht gehabt, dass er seinem Unbehagen Ausdruck gegeben hat, indem er gesagt hat: Was schreiben denn eigentlich die deutschen Schriftsteller hier? Wie sehen sie die Welt? Und Handke hat vollkommen recht, wenn er sagt, die Kritik, auch hier im Saal, macht es sich zu leicht, sie geht zu sehr gefällig auf diesen Zustand ein, statt die Frage dieses Zustandes und seiner Berechenbarkeit zu stellen.«

Was Mayer meinte, war Folgendes: Er glaubte, Handke so interpretieren zu dürfen, dass seine, Mayers, Kritik an Wohmann vom Tag zuvor dadurch bekräftigt wurde. Er tat so, als hätte Handke das mangelnde gesellschaftliche Engagement der Literatur kritisieren wollen, als hätte er darüber geklagt, dass sie zu wenig Gegenwartsbezug habe, dass sie deshalb so beschreibungsarm wäre, weil sie sich um die Wirklichkeit nicht kümmere. Aber vielleicht konnte Mayer es gar nicht anders verstehen als so, wie er zu denken gewohnt war. Immerhin wusste er, dass er zu dieser jungen Generation keinen Zugang mehr hatte.

Was Handke meinte, erklärte Handke dann doch lieber selbst, und zwar in der Zeitschrift *konkret*, die in ihrer Mai- und in der Juniausgabe des Jahres 1966 eine regelrechte Kampagne gegen die Gruppe 47 startete. Indem er diesen Ort für seine Klarstellung wählte, machte er deutlich, dass er sich nach der Princeton-Erfahrung nicht zu den sogenannten Mitgliedern der Gruppe zählen wollte und kein weiteres Interesse an ihr besaß. Richter lud ihn zwar 1967 in die Pulvermühle erneut ein, doch er hatte keine Lust mehr zu kommen. Er brauchte die Gruppe nicht mehr, sie hatte ihm die nötige Starthilfe gegeben. Immerhin war die amerikanische Tagung dazu geeignet, ihm in der Absetzbewegung seine eigene Position zu verdeutlichen. Er habe nichts gegen »Beschreibung«, schrieb Handke nun in *konkret*, vorausgesetzt, die Beschreibung sei ein Mittel, um zur Reflexion zu gelangen. Das bedeutete für ihn, über das Verhältnis von Ding und Bezeichnung, von Sprache und Wirklichkeit nachzudenken. »Es wird nämlich verkannt, dass die Literatur mit der Sprache gemacht wird, und nicht mit den Dingen, die mit der Sprache beschrieben werden.« Kurzschlüssig sei es – und eben das hatte er in Princeton permanent erlebt –, die Worte für die Gegenstände als die Gegenstände selber zu nehmen. Eine Geschichte werde ja nicht dadurch gegenwärtig, dass das Wort »Computer« darin vorkomme, sondern durch die Art und Weise, wie sie den Computer beschreibe und wie sie dessen komplexe Form abzubilden vermöge. Handkes Kritik: »Die Sprache wird nur benützt. Sie wird benützt, um zu beschreiben, ohne dass aber in der Sprache selber sich etwas rührt. Die Sprache bleibt tot, ohne Bewegung, dient nur als Namensschild für die Dinge. Die Dinge werden reportiert, nicht bewegt. (…) Dabei denkt man aber nicht daran, dass es möglich ist, mit der Sprache buchstäblich jedes Ding zu drehen. Ich brauche ja nicht die Dinge aufzuzählen, die schon mit Hilfe der Sprache gedreht wurden und noch gedreht werden. Es wird vernachlässigt, wie sehr die Sprache manipulierbar ist, für alle gesellschaftlichen und individuellen Zwecke. Es wird vernachlässigt, dass die Welt nicht nur aus den Gegenständen besteht, sondern auch aus der Sprache für diese Gegenstände. Indem man die Sprache nur *benützt* und nicht *in* ihr und *mit* ihr beschreibt, zeigt man nicht auf die Fehlerquellen in der Sprache hin, sondern fällt ihnen selber zum Opfer.«

Handkes Bekenntnis zur Sprache und zur Sprachkritik hatte sehr wohl eine politische Dimension, allerdings anders als Hans Mayer das hineingelegt hatte. Der Akzent hatte sich verschoben. Es ging ihm nun nicht mehr so sehr um die Hinwendung zu den Dingen, wie noch in Princeton (eine Forderung, die Jahrzehnte später einmal als »Welthaltigkeit« der Literatur zum dümmlichen Klischee der Kritik werden würde, als wäre Literatur deshalb besser, lebendiger, realitätsnäher, wenn viele Sachen aus vielen Ländern in sie hineingestopft werden), sondern vielmehr um die Hinwendung zur Sprache und ihren Bedingungen. Warum sprechen wir so, wie wir sprechen? Woher kommen die Worte? In welchem (zerbrechlichen) Verhältnis zu den Dingen stehen sie? Was lässt sich überhaupt sagen und benennen? So zu denken hieß, Ideologiekritik zu betreiben, lange bevor dies unter politischen, ganz und gar nicht unideologischen Prämissen in marxistischen Studiengruppen zur Großdisziplin werden würde. In Vergessenheit geriet überdies, dass die radikale Sprachkritik einst der Ausgangspunkt der Gruppe 47 gewesen war. Handke brachte sie an ihre Anfänge zurück, nicht als Wiederholung, sondern als

Neuentdeckung und Weiterführung. Aber das merkte niemand, schon gar nicht er selbst.

Darum aber auch sein Unbehagen bei diesen beiläufigen, in einem Nebensatz eingeschmuggelten Hinweisen auf Auschwitz – ein literarisches Verfahren, das stets geeignet zu sein schien, dem jeweiligen Text historisches Bewusstsein und Verantwortlichkeit einzuimpfen und mit einem vergangenheitsbewältigungsmoralischen Wohlwollen rechnen zu dürfen. Auch dabei gab es eine gewaltige Diskrepanz zwischen dem Wort und dem Bezeichneten. Gerade da konnte sich Handkes Kritik bewähren. Weiss hatte – aus einer ganz anderen Perspektive heraus – mit diesem Problem zu tun, als er bei seinem Besuch in Auschwitz feststellte, mit seiner Sprache und seinen Erfahrungen nicht an das heranzureichen, was hier geschehen war. Handke ließ sich selbst aus dem Spiel, schöpfte aber aus der Überprüfung seiner Theorie am Gegenstand Auschwitz eine neue, innersprachliche Moral und konstatierte, »dass die Sprache eine Realität für sich ist, und ihre Realität nicht geprüft werden kann an den Dingen, die sie *beschreibt*, sondern an den Dingen, die sie *bewirkt*. Mir ist während der Tagung aufgefallen, dass formale Fragen eigentlich moralische Fragen sind. Wagt es jemand, in einer unreflektierten Form über heiße Dinge zu schreiben, so erkalten diese heißen Dinge und erscheinen harmlos. Den berüchtigten Ort A. in einem Nebensatz zu erwähnen, geht vielleicht an. Ihn aber bedenkenlos in jede Wald- und Wiesengeschichte einzuflechten, in einem unzureichenden Stil, mit untauglichen Mitteln, mit gedankenloser Sprache, das ist unmoralisch.«

Handkes aus der Sprache gewonnene Moral war etwas anderes als der Humanismus eines Peter Weiss, der Sprache als Handwerkszeug des Schriftstellers einsetzte, um sich an der Seite der Ausgebeuteten gegen Krieg und Unterdrückung zu wehren und der hoffte, mit seinen Worten an der Veränderung der Welt mitwirken zu können. Sein Schreiben war eine Tat. Ähnlich, jedoch nüchterner, pragmatischer, sah es der Sozialdemokrat Grass, der aber zwischen literarischer Produktion und politischem Geschäft zu unterscheiden wusste und sein Engagement als Wahlkampfredner praktizierte. Handke war auf seine Weise radikaler als diese beiden, indem er die Sprache nicht bloß als Instrument betrachtete, sondern als eigene Wirklichkeit, und wenn ein Schriftsteller die Wirklichkeit verändern wollte, dann musste er an der Sprache ansetzen, und nur da, denn da war ja schon die ganze Welt.

Grass hatte Handke zunächst zwar nicht widersprochen, ihn mit seiner Germanistenschelte sogar unterstützt, wenn auch mit der Jovialität des Etablierten gegenüber dem Grünschnabel. Doch Grass hatte ein feines Sensorium für öffentliche Aufmerksamkeitszuteilungen. In Gestalt von Weiss hatte er den Zweitberühmtesten – nach ihm, Grass – scharf attackiert; Handke behandelte er mit mildem Spott. Er spürte, dass da eine neue Konkurrenz erwuchs, nicht so sehr auf der literarischen oder der politischen Ebene, denn da bewegten sie sich in verschiedenen Universen, als im Bereich der Publicity und im Selbstvermarktungsgeschick. Handke hatte es geschafft, mit seiner Rede und seinem Erscheinungsbild originär zu sein. Beatles-Frisur, Brille, Publikumsbeschimpfung, und dazu dieses blaue Schildmützchen: fertig war der Popstar. Handke hatte sehr wohl – und im Gegensatz zu seiner am Sprachlichen ansetzenden Kritik – begriffen, dass es nicht allein die Sprache ist, die den Autor zum Autor macht, sondern der Auftritt und ob es ihm gelingt, sich als Marke zu etablieren. Grass, der mit Schnauzbart, Fischsuppe und Es-Pe-De ja eine weit übers Literarische hinausreichende Rolle entworfen hatte, konnte ihm da als Vorbild dienen. Und Grass zielte instinktsicher auf Handkes Markenhaftigkeitsattitüde, als er beim Rowohlt-Empfang in New York mit Kugelschreiber »Ich bin der Größte« in die weiß Gott ziemlich lächerliche Kopfbedeckung des Milchgesichts schrieb, um ihm damit klarzumachen, wer der Größte war, nämlich er, Grass, der im Unterschied zu diesem jungen Mann, dessen Namen er eben erst gelernt hatte, auch ironiebegabt war. Doch eine Schildmütze macht noch keinen Schnauzbart, und das, was Handke auf der Oberlippe trug, war tatsächlich nicht konkurrenzfähig. Handke, so heißt es, habe die anderen Teilnehmer bei diesem Empfang mit einer Holzhand begrüßt, sich im Übrigen bequem und von Zeitungsleuten umlagert auf einem Sofa niedergelassen, um von dort aus die Gruppe für überholt zu erklären. »Hans Werner ging kopfschüttelnd vorbei«, erinnerte sich Toni Richter. Und dann suchte Handke das Weite; auf den Spuren von William Faulkner begab er sich nach Oxford, Mississippi. Bei Faulkner musste er keine Beschreibungsimpotenz befürchten.

Dieser Empfang bot zudem Gelegenheit, endlich einmal amerikanische Schriftsteller zu treffen und den Jetset der Intellektuellen New Yorks, jüdischer Intellektuellen zumal. Im sozialdemokratischen *Vorwärts* war später nachzulesen, mit wie viel Vorsicht sie den deutschen Besuchern begegneten. »Wir wissen, wer Grass ist und wer Peter Weiss«, wird da ein nicht namentlich genannter jüdischer Schriftsteller zitiert. »Wir kennen Hochhuth und Enzensberger. Wir haben eine Vorstellung von Walser und der Bachmann. Sie sind es, die, wenn auch nicht alle in New York, die Anwesenheit der Gruppe 47 in Amerika legitimieren. Ihretwegen sind auch wir gekommen, und wir möchten unser Kommen als eine Geste verstanden wissen, zu der wir uns vor zehn Jahren noch nicht bereit erklärt hätten.«

Mit der »freundlichen Bitte um bessere Feinde«, die namentlich an Handke adressiert war, legte Grass ein paar Monate später in Höllerers *Sprache im technischen Zeitalter* nach und hievte ihn mit diesem Text, den Richter eher schwach fand, in die Rolle des David, der mit seiner Steinschleuder den Riesen Gruppe 47 zu Fall gebracht und es damit selbst »aufs Podest« geschafft habe. So begründete Grass die Legende, Handke habe in Princeton das Ende der Gruppe eingeläutet. Der erwiderte kühl: »Sie tun so, als hätte ich mich aus Reklamegründen zu Wort gemeldet, und wissen doch, dass es eine Augenblickshandlung war«. Handke hielt – auch vor sich selbst – an der Behauptung fest, spontan und ohne Berechnung gehandelt zu haben. Nein, ein David war er nicht. Aber er brach mit mehreren Übereinkünften: Jetzt ergriff der Autor, der gegenüber der Kritik zu schweigen hatte, das Wort. Damit erhielt nicht zuletzt die Kritik eine neue Dimension, indem sie gewissermaßen auf sich selbst zurückfiel. Das kritische Prinzip, von Anfang an ein Existenzgrund der Gruppe, emanzipierte sich, Handke ließ die Kritik frei. Das bedeutete noch nicht das Ende der Gruppe 47, markierte aber den Augenblick, in dem deutlich wurde, dass sie zu klein geworden war für all das, was in ihr hätte verhandelt werden müssen – während Richter vergeblich gegen ihr Wachstum ankämpfte und versuchte, sie wieder in den überschaubaren Freundeskreis der Frühzeit zurückzuverwandeln. Das passte alles nicht mehr zusammen, das fügte sich nicht mehr. In Princeton, in dieser Abgeschiedenheit inmitten der Weltgeschichte, wurden die Zentrifugalkräfte spürbar. Richter klatschte noch einmal in die Hände, schwenkte die Kuhglocke und behielt die Tagungshoheit, doch auch für ihn war erkennbar, dass die auseinanderstrebenden Kräfte nicht mehr zu bändigen sein würden.

20

Als es endlich vorbei war, erhob er sich erleichtert. Das Jackett hatte er vorher schon abgelegt, seinen Sessel verlassen und sich leger, im weißen Hemd, mit übereinandergeschlagenen Beinen, am Rand des Podiums auf den Boden gesetzt. Als Letzter hatte Hans Christoph Buch von Höllerers West-Berliner Colloquiumsjugend gelesen. Weil Richter wusste, dass er eine Satire auf die Gruppe 47 bieten würde, hatte er ihn mit Bedacht an den Schluss gesetzt. Die vorgeblich aus Flauberts *L'Éducation sentimentale* stammende Szene über ein Dichtertreffen mit einem staunenden jungen Mann namens Friedrich als Hauptfigur stellte sich aber als recht harmlos heraus, und wenn während des Vortrags mehrmals gelacht wurde, dann weniger, weil man sich ertappt oder durchschaut fühlte, als weil alles so übersichtlich und leicht wiederzuerkennen war. Sehr hübsch, sagte Kaiser, könnte für eine Abiturzeitschrift taugen. Ein Betthupferl vielleicht, meinte ein anderer, diskutieren müsse man darüber wohl nicht. Richter sah es ebenso, und da nun wirklich alle erkennbar matt und müde und diskussionsunlustig in ihren Stühlen hingen und nur noch das Abendessen herbeisehnten – es hatte ihn einige Mühe gekostet, noch einmal für Ruhe zu sorgen, »Hallo!« hatte er gerufen, »es ist doch gar keine Pause!« –, schloss er kurzerhand mit dem Hinweis, dass so etwas sicher sehr viel schärfer denkbar wäre und man das als freundlichen Abschluss stehenlasse solle. Keine Diskussion mehr, also Höchststrafe für Buch, könnte man meinen, aber die Bachmann hatte vor fünf Jahren im Jagdschloss Göhrde auch einmal ohne Kritik vorgetragen. Sie hatte nur ein einziges Gedicht dabei gehabt und ebenfalls zum Abschluss der Tagung gelesen, er erinnerte sich, dass es mit der Zeile »Ihr Worte, auf, mir nach!« begonnen und wenig später mit dem Ruf »Kein Sterbenswort, ihr Worte!« geendet hatte. Auch da hatte er – nachdem Ingeborg seiner Bitte, es noch ein zweites Mal zu lesen, nachgekommen war – keine Diskussion zugelassen, und es war ihm egal, wenn Reich-Ranicki meinte, er habe die Dichterin, die sich in einer Krise befand, schützen wollen, weil es sich, so Reich-Ranicki, um ein schlechtes Gedicht gehandelt habe. Doch welche Worte sollten folgen auf »Kein Sterbenswort, ihr Worte!«? Manchmal war es besser zu schweigen.

Mit Buchs kleiner Gruppen-Etüde musste man sich wirklich nicht länger befassen. Nur in einem Punkt widersprach Richter: Dass der fiktive Tagungsleiter das nächste Treffen mit den Worten ankündigte: »Alle sind herzlich eingeladen«, das ging nun tatsächlich nicht. Diesen Satz gab es bei Richter nicht. Wo kämen wir da hin, wenn alle, die einmal da gewesen waren, immer wieder eingeladen werden müssten. Seine Verabschiedung war so unauffällig wie seine Begrüßung gewesen war, offizielle Reden waren verpönt. »Alles läuft wie in einer großen Familie«, hatte er Victor Lange erklärt, einer Familie, in der scheinbar immer alles in Ordnung sei, in Wirklichkeit sich aber immer alles in Unordnung befin-

Die Auffindung des Gegners war schwierig. Reinhard Lettau
hat den Feind noch immer nicht entdeckt.

det. Da ist es besser zu schweigen. Also beließ er es dabei,
sich bei allen zu entschuldigen, die gerne noch gelesen
hätten, es waren zu viele, er dankte den Mitarbeitern der
Universität, allen voran Lange, der gleich noch Ort und
Zeit des abschließenden Empfangs verkündete, worauf

einiges Hin und Her folgte und schließlich doch noch eine Diskussion zur Frage, ob dreißig Minuten zum Umziehen im Hotel reichen würden oder ob man dafür besser fünfundvierzig veranschlagen sollte. Dann musste er unbedingt noch einmal sagen, dass es keinesfalls an ihm und auch nicht an den Vereinigten Staaten gelegen habe, dass die Autoren aus der DDR fehlten, im *Neuen Deutschland* nichts als Lügen, so sagte er, wenn die dort so taten, als ob es von vornherein naiv gewesen wäre, mit einer Ausreiseerlaubnis für die Ostdeutschen zu rechnen. (Aber tatsächlich hatte er wirklich nicht damit gerechnet.) Da erschien es fast schon als Beweis großartiger Freiheitlichkeit und durchaus der Rede wert, dass die USA so problemlos alle Genehmigungen erteilt hatten.

Amerika! Nach dem Treffen würden dreißig Schriftsteller zu Reisen quer durchs Land aufbrechen, auf Kosten der Ford-Foundation. Diese Gelegenheit hatte er gestiftet, nicht zuletzt für sich selbst, und konnte auch deshalb mit sich und der Amerika-Idee zufrieden sein. Zudem hatte er zwanzig amerikanischen Germanisten dazu verholfen, ihre Kenntnisse über die deutsche Gegenwartsliteratur zu verbessern. Das war doch nicht nichts. Und wenn Unseld, der bis Anfang Mai in New York blieb, bei seinen Gesprächen mit Verlegern den Eindruck bekam, das Interesse an der deutschen Literatur sei größer denn je, ja, sie werde in Amerika derzeit als »die wichtigste aller europäischen Literaturen empfunden«, dann war wohl auch das ein Gruppeneffekt, den Richter sich zugute schreiben und den Unseld sich zunutze machen konnte, wenn er im New Yorker Goethe House die Suhrkamp-Autoren Becker, Weiss, Enzensberger und Johnson präsentierte.

Die Princeton-Konferenz über »Schriftsteller in der Wohlstandsgesellschaft« absolvierten sie am folgenden Montag als abschließenden Höflichkeitsbesuch. Lange hatte ja mit allem Nachdruck darum gekämpft, dass dieser öffentliche Teil der Einladung in die USA möglichst verbindlich und gut besucht sein würde. Abgetrennt von einer weißen Schnur waren fünf Stuhlreihen für die deutschen Gäste reserviert. Statt im griechischen Tempel saßen sie in einer riesigen romanischen Halle mit einer so miserablen Akustik, dass von den Reden nicht viel mehr als Sprachgeräusche zu vernehmen waren. »Windschiefes Gespräch im Clubraum von Babylon«, nannte Mayer das, und Kaiser schrieb: »In der einen Ecke verstand man mit langem Nachhall nur die Vokale, in der anderen die Konsonanten. Beide Gruppen schienen damit nicht wirklich zufrieden. Mitunter hatten deutsche und amerikanische Intellektuelle den Gesichtsausdruck angestrengter Taubstummer, wodurch sie nicht schöner wurden.« Weiss mühte sich trotzdem damit ab, seine politische Moral zu begründen, viel zu lange schon habe er dem Elend der Welt, dem Töten und Morden zugeschaut und sich in der Isolation seiner Kunst, seiner Melancholie, seiner Teilnahmslosigkeit eingerichtet, nun aber sei er endlich zu Klarheit und Wahrheit und zur Parteinahme vorgedrungen. Auf Englisch kämpfte er sich durch sein Bekenntnis »I Come Out of My Hiding

Place!«, während Grass, der von Verstecktsein noch nie viel gehalten hatte, ein paar Sätze auf Deutsch vortrug, um dann einem Sprecher die englische Übersetzung zu überlassen. So abgeklärt Grass sich mit seiner politischen Pragmatik zum Hofnarren stilisierte, so närrisch wirkte Weiss mit seinem ernsthaften Engagement. Vermutlich war es ein Glück, dass beide Reden in diesem neobyzantinischen Neuschwanstein-Imitat verrauschten – angeblich war der Bau die Rache eines gescheiterten Architekturstudenten an seinem Studienort.

So fiel auch die mögliche Debatte mit dem Literaturwissenschaftler Leslie Fiedler, der zwei Jahre später die Postmoderne ausrufen würde, der Akustik zum Opfer. Erst 1968 fand Fiedler mit einem Vortrag in Freiburg Gehör, als er das Zeitalter einer neuen Literatur ausrief, einer Literatur jenseits der etablierten Grenzen zwischen Hochkultur und Massenprodukten. Und er plädierte für eine neue Kritik, die sich weniger am Schönen, Guten und Wahren orientieren solle, als Neugier auf junge, überraschende Entdeckungen zu machen.

Kritik und Literatur gehörten eng zusammen. Beide hatten im Lauf der sechziger Jahre einen enormen Aufschwung erlebt, die Plätze der Kritik in den Feuilletons waren kontinuierlich gewachsen, aber genauso gerieten sie im Sog von 1968 gemeinsam in die Krise und wurden bald schon für überflüssig erklärt. In seinem berühmten Autodafé in der ebenso berühmten Ausgabe 15 des *Kursbuch*, in der zwar nicht der Tod, aber doch ein Jenseits der Literatur beschworen wurde, erklärte der Suhrkamp-

Lektor Walter Boehlich: »Die Kritik ist tot. Welche? Die bürgerliche, die herrschende.« Die bürgerliche Kritik – das war aber gerade die, die in der Gruppe 47 jederzeit praktiziert wurde. Diese Kritik hielt sich mit formalen Fragen auf, anstatt die gesellschaftliche Wirksamkeit von Literatur zu ergründen. Ihre Protagonisten waren zu »Großkritikern« und Feuilletonstars geworden, die weniger mit der Kraft ihrer Argumente als mit der Bekanntheit ihrer Person zu überzeugen versuchten. Und ihre Urteile dienten weniger der politischen Meinungsbildung als bloß dem guten Geschmack und der besseren Verkaufbarkeit der zur Ware herabgesunkenen Literatur. Zugleich aber wurde von den Kritikern der bürgerlichen Kritik gerade die Massenkultur gefeiert, die von vornherein nichts als Ware sein wollte, ohne dass diesen Kritikkritikern dieser Widerspruch aufgefallen wäre. Von Handke über Fiedler zu Boehlich und dem Tod der bürgerlichen Literatur – das ist der historische Bogen, der in Princeton gespannt wurde. Es war zu früh, um ihn zu bemerken, und die Akustik war zu schlecht. Denn dieser Bogen führte aus der Gruppe 47 hinaus und ging über sie hinweg. 1968 war dann zwar nicht der Tod der Literatur, aber das Ende der Gruppe 47 zu verzeichnen.

Ungehört verhallten auch die Worte des großen Verlegers William Jovanovich – einer Instanz des kapitalistischen Buchgeschäfts, und falls der Brecht-Übersetzer Eric Bentley etwas von seinen Begegnungen mit Brecht in den fünfziger Jahren berichtete, dann verschwand diese Erzählung ebenfalls im Nirwana der Princetoner

Prunkarchitektur. Als schließlich auch die schöne Rede von Susan Sontag verwehte, die sich im Gegensatz zu Weiss zur Bedeutung der Form in der Kunst bekannte und sich – ähnlich wie Enzensberger – nicht für kunstinterne Bekenntnisse interessieren wollte, war das Verwehen und Vergehen vielleicht sogar ein kleiner Trost: Diese amerikanische Konferenz verlief, wie Kaiser in der *Süddeutschen* schrieb, so herrlich im Leeren, war so zufällig, naiv und unoriginell, ledern und luftig, dass man erlöst sagen konnte: Da kam noch weniger heraus als bei der verärgertsten Gruppendiskussion. Zum Ausgleich aber gab es ja das abendliche Teach-in gegen den Vietnamkrieg mit Lettau, Weiss und Enzensberger sowie mit Susan Sontag als zorniger Rednerin. Ihre ästhetisch-formalistische Kunstauffassung schloss Engagement ja keineswegs aus, sie legte nur Wert darauf, das eine vom anderen zu trennen.

Den ganzen Tag über Händeschütteln, und Richter immer mitten drin. Jeder musste und wollte sich natürlich vor allem von ihm verabschieden, er, der sie eingeladen und versammelt hatte, er, der Herbergsvater. Danke und gute Reise, drei Tage und noch ein Tag waren sie eine Gruppe gewesen, jetzt packten sie ihre Koffer und fuhren einzeln zurück in ihr jeweiliges Autorendasein, das ja nur ausnahmsweise und entgegen des schriftstellerischen Berufsethos vergruppte und verklumpte. Zum natürlichen Ablauf der Treffen gehörte es deshalb aus Gründen schriftstellerischer Selbsthygiene, sie anschließend eher missbilligend zu betrachten, als wäre es nichts als eine Qual gewesen, so lange mit so vielen Kollegen zusammen zu sein und als wären sie nicht alle freudig und freiwillig erschienen. Das änderte aber nichts daran, dass sie beim nächsten Mal doch wieder dabei sein wollten und jeder, der nicht eingeladen wurde, beleidigt war. Da die Lesungen in Princeton vielleicht etwas weniger ertragreich gewesen waren als in den Jahren zuvor, wuchs auch der Unmut. »und erst recht kein wort über princeton: tristesse«, schrieb Enzensberger ein paar Wochen danach an Johnson, der die ganze Zeit über gar nichts gesagt hatte. Da half die avantgardistische Kleinschreibung über die Vergeblichkeit hinweg.

Schriftsteller sind Einzelwesen. Sie zelebrieren ihre Individualität aus dem Schreiben heraus, immer misstrauisch gegen jede Form von Zusammenschlüssen. Andererseits brauchen sie in ihrer täglichen Isoliertheit nichts so sehr wie Bestätigung: Schriftsteller sind sie ja nicht schon deshalb, weil sie sich selbst dazu erklären, sondern weil andere sie in diesem Glauben bekräftigen. Das muss sich mit jedem neuen Buch neu ereignen, auch dazu dient nicht zuletzt die Kritik. Literatur ist erst dann Literatur, wenn sie Leser findet und wenn das Gespräch einsetzt. Ohne Öffentlichkeit gibt es sie nicht. Die Gruppe 47 leistete da sehr viel, sie bildete Öffentlichkeit maßstabsgerecht ab, hier ereigneten sich Kritik und Kollegengespräch in einem extra dafür geschaffenen Raum, hier wurden Schriftsteller als Schriftsteller ernst genommen, ganz egal, ob die Kritik wohlwollend oder vernichtend ausfiel. Die Gruppe hatte eine Bestätigungsfunktion, und das machte sie so haltbar. Aber sie konnte nur deshalb so lange existieren, weil sie nie Organisation zu sein begehrte und die Einzelwesen in eine Vergesellschaftung zu zwingen versucht hätte. Sie war Gruppe, und sie war es nicht. Ihr lockeres Gefüge war ihre Stärke, zugleich aber ihre historische Begrenzung. Und so folgt es einer inneren, historischen Logik, dass auf den Zerfall der Gruppe 47, der in Princeton noch keineswegs besiegelt, aber spürbar war, eine ganz andere Organisationsform folgen würde: die Gründung des Deutschen Schriftstellerverbandes im Jahr 1969, der sich als gewerkschaftliche Interessenvertretung verstand und sehr rasch Anschluss an die Druckergewerkschaft suchte. Die Schriftsteller, zweihundert Jahre lang exemplarische Bürger in ihren individuellen Nöten, mutierten in der Folge von 1968 zu Proletariern oder taten wenigstens so. Im Schriftstellerverband wurde nicht mehr über Texte und Schreibweisen gesprochen, sondern über Arbeitsbedingungen, Klassenverhältnisse und Politik. Das aber konnte nicht die Sache der Gruppe 47 sein. Und doch wuchs das Bedürfnis nach so einer Organisation erst in der Leerstelle, die die Gruppe 47 hinterließ.

Dass sie den Schriftstellern fehlte und den Kritikern nicht minder, merkten sie alle erst allmählich, nach Jahren ohne Gruppe. Reich-Ranicki fehlte sie am meisten, denn ohne Bühne war er nicht komplett. Er gehörte 1977 dann zur ersten Jury des Bachmann-Preises in Klagenfurt, als eines öffentlichen Wettlesens, das die Rituale der Gruppe 47 ins Fernsehzeitalter und in deren Öffentlichkeit hinein verlängerte. Auch in Klagenfurt müssen Autoren nach ihrem Auftritt schweigend der Kritik lauschen, auch hier geht es in der Diskussion ganz um den einzelnen Text und nicht ums Allgemeine. Nun aber – und unter der Regie Reich-Ranickis – hatten die Kritiker endgültig die Hauptrolle übernommen mit ihrem Florettfechten vor laufender Kamera. Klagenfurt übernahm den Wettkampfcharakter der Gruppe, das Konkurrieren um Aufmerksamkeit, das Auszeichnen der Besten, die Verselbständigung der Kritik als Instanz. Den Werkstattcharakter der Gruppe beerbte dagegen Grass mit dem Döblin-Preis, den er stiftete und der seit 1979 vergeben wird. Auch da werden ein paar Autoren zum Wettlesen eingeladen und von Kritikern öffentlich besprochen, doch die Sache ist schon deshalb intimer, weil das Fernsehen fehlt und es hier tatsächlich um unfertige Texte geht, die handwerklicher Kritik unterworfen werden. Hier überwiegt das Kollegiale, und die Kritiker sind Teil eines öffentlichen Nachdenkens über den jeweiligen Text, aber nicht die Einzigen, die darüber befinden. Bachmann-Preis als Show und Döblin-Preis als literarisches Gespräch: Das sind die beiden Pole der Möglichkeiten dessen, was aus der Gruppe 47 folgen konnte.

Richters Zeit und die der Gruppe lief ab, ohne dass sie etwas falsch gemacht hätten. Es war einfach vorbei. Als wollte er noch einen Aufschub bewirken, reiste er zusammen mit Toni ein paar Wochen durch die USA; allerdings stand ihre Fahrt im Mietwagen unter keinem guten Stern. In den Rocky Mountains gerieten sie auf

4000 Metern Höhe in einen Schneesturm, der Straßenkreuzer drohte in einen Abgrund zu rutschen, Richter sprang heraus und stemmte sich heftig dagegen, bis ihn ein blitzartiger Schmerz in Kopf und Hals durchfuhr. Wochenlang litt er darunter, war bewegungs- und arbeitsunfähig, und noch Ende Juni, längst wieder zu Hause, schrieb er an Victor Lange, dass er psychisch wie physisch außer Gefecht gesetzt und kaum fähig sei zu schreiben. Ein Nerv sei gerissen, teilte er den Freunden mit, die linke Seite liege lahm, wie symbolisch, er leide links. Denn was ihm vor allem zu schaffen machte, war die hämische bis vernichtende Resonanz auf die Tage von Princeton, die plötzlich auch und vor allem von links kam. Das hatte die Gruppe nicht verdient, das konnte er nicht verstehen. Andererseits: Warum sollten ihr gegenüber andere als die kritischen Maßstäbe gelten, die doch ihr eigener Existenzgrund waren?

21

Solange die Kritik an der Gruppe sachlich blieb, hatte er nichts dagegen, obwohl sie ihn immer ärgerte. Wenn Kaiser, der ja wahrlich kein Treffen verpasste, meinte, man müsse sich auf ihr Ende vorbereiten, nun gut, das dachte Richter insgeheim ja auch, und schon während der Tage in Princeton war ihm immer wieder der Gedanke durch den Kopf gegangen, die Sache jetzt einschlafen zu lassen. Wenn Sabina Lietzmann, die er nur auf Bitten von Grass eingeladen hatte, in der *FAZ* von »versteinerten Tagungsriten« sprach und im Pluralis Majestatis verkündete, »wir sehen nicht recht, wem sie noch nützen können, außer den Kritikern als Tribüne«, dann wiederholte sie damit das Immergleiche, denn an der Rolle der Kritiker mäkelten alle herum, seit die Kritiker als eine Bank auftraten. Auch er selbst hatte in Princeton das Gefühl gehabt, dass deren Zusammenspiel nicht recht funktionierte, versuchte das aber mit Äußerlichkeiten zu erklären: Jetlag, Schwüle, schlechte Akustik und die viel zu vielen Gäste. Schließlich handelte es sich bei den »Ritualen« um eine seit zwanzig Jahren praktizierte und bewährte Arbeitsmethode, und deshalb tat er sich so schwer damit, etwas daran zu ändern. Wenn Fried, Enzensberger und andere ihn drängten, er solle nur noch Leute einladen, die dann auch lesen würden, dann zielte das – neben Verlegern, Lektoren und Berichterstattern – natürlich auf die Kritiker und vor allem auf Reich-Ranicki, der nichts als Kritiker war und im Zweifelsfall aus seinen Kritiken vorlesen müsste. Aber das war doch wohl absurd; auf ihn wollte er nicht verzichten. Dass er die wirklich langweilige Colloquiumsjugend nicht mehr einladen würde, stand dagegen fest. Er musste es schaffen, die Gruppe wieder auf einen überschaubaren Bestand zu reduzieren.

Er war gedrückter Stimmung nach der Rückkehr, und dazu noch diese Kopfnervensache, die ihn lahmlegte, als im Mai der Angriff von Robert Neumann in *konkret* folgte, eine Attacke von links, die an Verlogenheit und Diffamierungsenergie nicht zu überbieten war, und der einen Monat später ein vollkommen ahnungsloser Rundumschlag des öffentlichkeitsscheuen Hans Erich Nossack folgte. Neumann zielte ganz persönlich auf Richter und seine Getreuesten, auf Grass, den er als den eigentlichen »Chef« bezeichnete, und auf Höllerer, den »Strippenzieher«. Er machte aus ihnen eine Literaturmafia, Berliner »Spezis«, einen literarischen Klüngel und Manipulationsbetrieb, dem es gelungen sei, aus der »zweiten Garnitur«, aus »Schriftstellern der kleinen Leistung«, aus »überjährten Wunderkindern mit ergrauten Schläfen« die Zentralinstanz der deutschen Literatur zusammenzuschustern. »Würstchen« waren sie demnach alle (merke: Würstchen haben eine dünne Haut und platzen schnell, wenn es ihnen zu heiß wird), und er, Richter, noch nicht einmal ein »Fürzchen«, von dem, ließe man den ganzen selbstgeschaffenen Betrieb einmal weg, nicht viel mehr übrig bleibe als »ein feuchter Fleck«. Das war eine regelrechte Vernichtungsphantasie, so launig vorgetragen wie unangenehm in der Substanz, denn der Hass, der da hochkochte, speiste sich aus dem Ressentiment des Zukurzgekommenen, aus der Verbitterung eines alten Mannes, der nicht mehr dazugehörte. Neumann war das tragische, bittere Beispiel eines emigrierten Schriftstellers, der, wie Koeppen bemerkte, seinerzeit seinen Mördern entkam, dann aber von einem anderen Feind eingeholte wurde, dem nicht zu entkommen war: der Zeit.

Nach außen hin versuchte Richter, die Sache mit

Ermattung: Hans Werner Richter hat immer noch keine Dankbarkeit bekommen. Ob er sich das alles noch einmal zumuten soll?

Humor zu nehmen, wenn er Ledig-Rowohlt für die großartige Party in New York ganz im Stile einer Mafia dankte. Und wenngleich Ledig-Rowohlt nicht geahnt habe, einer Mafia auf den Leim gegangen zu sein – jetzt wisse er es wohl. Und falls ihn die Sache deshalb reuen solle, müsse er damit rechnen, sich demnächst im Hamburger Hafen in einen Zementblock eingemauert wiederzufinden. Tatsächlich aber war er schwer getroffen und konnte gar nicht oft genug wiederholen, dass der Preis für Germanistik im Ausland, den Victor Lange von der Darmstädter Akademie für Sprache und Dichtung erhielt, nichts, aber auch gar nichts mit der Gruppe 47 und ihrer Tagung in Princeton zu tun habe. Nur war unglücklicherweise beides in derselben Ausgabe der *Zeit* auf einer Seite gemeldet worden; für Neumann ein gefundenes Fressen.

Robert Neumann, zehn Jahre älter als Richter, stammte aus einem sozialdemokratischen, jüdischen Elternhaus in Wien. In den zwanziger Jahren hatte er einige Erfolge als Satiriker und war für den Band *Mit fremden Federn* sogar von Thomas Mann geadelt worden, der das Buch 1927 zum besten des Jahres erklärte. 1934 entkam er ins englische Exil, wurde als streitbarer Antifaschist Vizepräsident des Internationalen PEN in London, 1957 übersiedelte er ins Tessin und stilisierte sich in seiner Attacke gegen die Gruppe 47 als Provinzler, der, wenn er nach vielen Jahren mal wieder nach Berlin kommt, feststellt, dass es dort immer noch so zugeht wie in den Zwanzigern. Denn das war seine große Zeit, da kannte er sich aus, und so schrieb er immer noch: verlogen, verdreht, verleumderisch. Warum sachlich, wenn's auch persönlich geht? Das war genau die Art von Polemik, die Richter verabscheute, die Art von Verunglimpfung, gegen die er den Diskussionsstil der Gruppe 47 gesetzt hatte, wo es immer um die Sache – den Text – und niemals um die Person gehen sollte. Mit Neumanns Pamphlet schlug nun all das auf die Gruppe zurück, was er seit 1947 mit Bedacht und aus historischer Erfahrung heraus hatte ausschließen wollen.

An Argumenten hatte Neumann nicht viel zu bieten: Dass die 47er so getan hätten, als wäre vor ihnen und der sogenannten Stunde Null literarisch gar nichts gewesen, konnte nur einer der Älteren behaupten, der stets vergeblich darauf gewartet hatte, auch einmal eingeladen zu werden. Die Meinung, dass die Gruppe politisch wirkungslos sei, teilte Neumann zwar mit den sich radikalisierenden Studenten, und wenn er davon sprach, sie wären so politisch wie »Löschpapier«, dann nahm er vorweg, was die Studenten im Jahr darauf in der Pulvermühle skandierten: »Papiertiger«. Was es aber bedeutete, eine kritische Öffentlichkeit in Deutschland überhaupt erst erprobt und etabliert zu haben, das begriffen sie nicht. Ohne die Literatur der Gruppe 47, ohne Böll, Grass, Walser, Weiss, Johnson, Enzensberger, wäre die Bundesrepublik kaum das Land geworden, das allmählich über die autoritäre Adenauer-Ära hinauszuschauen begann. Es ist gar nicht zu ermessen, welche Veränderungskraft in der Literatur steckt – und zwar in den Büchern viel mehr als im verquälten Engagement der Autoren.

Nossack zielte eher aufs Literaturbetriebhafte, wenn er die Versorgungsmentalität der jungen Generation anprangerte und behauptete, die Gruppe sei schon 1947 aus gewerkschaftlichen Erwägungen heraus entstanden. – Nichts wäre ihr ferner gewesen! Auch die Behauptung, es würden dort nur abstrakte, unpolitische Texte gelesen, blutleere Formexperimente ohne Wirklichkeitsbezug, konnte nur einer vorbringen, der nie dabei gewesen war – und auch nie hatte dabei sein wollen. Das traf ja noch nicht einmal auf Handke und seinen *Hausierer* zu.

Man hätte sich mit Neumann und Nossack eigentlich nicht weiter beschäftigen müssen, so schlecht informiert, wie sie waren, und doch waren Richter und seine Getreuen so aufgeschreckt, dass Höllerer ein ganzes Heft der *Sprache im technischen Zeitalter* der Schmährede im Allgemeinen und diesen beiden Pamphleten im Besonderen widmete, um in mehreren ellenlangen Artikeln die Vorwürfe ein ums andere Mal zu entkräften. Dieser Aufwand der Angegriffenen stand in einem seltsamen Missverhältnis zur Ahnungslosigkeit der Angreifer und zur Haltlosigkeit ihrer Vorwürfe. Es muss also doch um etwas gegangen sein und nicht nur um Beleidigungen und das Zurechtrücken von falschen Behauptungen. Wenn Nossack so tat, als wäre die Gruppe 47 eine Gewerkschaft und Neumann hämisch die wechselseitige »Hagelschadenversicherung« als deren höchstes Ziel erkannte, dann hatten sie in der Gruppe 47 zwar den falschen Adressaten, doch der Literaturbetrieb entwickelte sich durchaus in diese Richtung – damit allerdings über die Gruppe 47 hinaus. Dass sich in der Bundesrepublik ein mit Preisen, Stipendien, Stadtschreiberposten gut abgefederter Schreib-Subventionismus herausbildete, in dem so mancher Autor mit einer Spürnase für Förderungen und geringerem literarischem Talent gut leben konnte, ist ja nicht falsch und man kann sehr wohl darüber streiten, ob diese Verhältnisse, in denen das Mittelmaß besonders gut gedeiht, der Kunst dienlich sind. Nur: Mit der Gruppe 47 hatte das schon nichts mehr zu tun. Das waren Entwicklungen der folgenden Jahrzehnte, die sich in den sechziger Jahren erst andeuteten.

Vielleicht war Richter auch deshalb so getroffen, weil er spürte, dass die Zeit der Gruppe 47 zu Ende ging. Zum ersten Mal wurden sie von links angegriffen, jetzt waren sie nicht mehr die »Pinscher«, zu denen Kanzler Erhard sie gemacht hatte, sondern zahnlose Papiertiger. Richter konnte sich diesen »Partisanenangriff«, wie Nossack das nannte, nur damit erklären, dass die DDR dahintersteckte: Kulturfunktionär Alexander Abusch habe Neumann und *konkret*-Herausgeber Klaus Rainer Röhl nach Berlin geladen und die Kampagne mit ihnen abgesprochen. Doch das war eine ähnliche Verschwörungstheorie, wie Neumanns Mafiaphantasien; sie erhielt jedoch Nahrung dadurch, dass Richter, dessen Familie in Bansin in Vorpommern lebte, plötzlich keine DDR-Einreisegenehmigung mehr erhielt. Aber es war nicht die Politik der DDR, die die Gruppe 47 an den Rand drängte; da überschätze Richter die eigene Bedeutung ebenso wie die Möglichkeiten der SED. Es war die sich radikalisierende Öffentlichkeit der Studentenbewegung, die über diese zunftgemäße Diskussionsrunde der Literaten hinwegging; es gab keinen Bedarf mehr an dieser Handwerkerinnung eines aussterbenden Gewerbes. Dichter? Überflüssig!

Politisch hatten Richter, Grass und ihre Freunde jahrelang auf einen Regierungswechsel hingearbeitet und in der SPD die Alternative gesehen. Darüber konnte Neumann sich jetzt nur noch lustig machen: Die SPD als Alternative zur CDU – na und? Gab es denn da einen maßgeblichen Unterschied? Und hatte er nicht recht, nachdem am 1. Dezember die Große Koalition besiegelt und die SPD zum Juniorpartner der CDU wurde? Was blieb da von der ersehnten Alternative? Dass aber die Große Koalition drei Jahre später in die sozialliberale Brandt-Ära einmünden würde und in dessen programmatisches »Mehr Demokratie wagen!«, war am Horizont des Jahres 1966 nicht zu erkennen. Da musste die Bundesrepublik erst durch die 68er-Zeit hindurch, die im Juni 1967 mit der Erschießung des Studenten Benno Ohnesorg begann.

1966: Ungewissheit zwischen Ende und Neubeginn. Umbrüche allerorten und die Eskalation in Vietnam, Ausgang offen. In der Sowjetunion übernahm Leonid Breschnew die Macht, er stand zunächst für Stabilität, aber bald schon für Stagnation. In China begann Maos »Kulturrevolution«, die in Wirklichkeit eine Kulturvernichtung und blutige Schreckensherrschaft war, was aber deutsche Studenten nicht davon abhielt, Maos Schriften als Bibel zu betrachten. Bob Dylan brachte mit *Blonde on Blonde* ein großartiges Doppelalbum heraus, Udo Jürgens sang »Siebzehn Jahr, blondes Haar« und Drafi Deutscher »Marmor, Stein und Eisen bricht«. Im Rhein bei Duisburg wurde ein weißer Wal gesichtet, der wochenlang als Moby Dick für Schlagzeilen sorgte. Albert Speer und Baldur von Schirach wurden nach zwanzig Jahren Haft aus dem alliierten Kriegsverbrechergefängnis in Berlin-Spandau entlassen. Eine sowjetische Raumsonde erreichte die Venus, eine amerikanische den Mond, und es würde nur noch drei Jahre dauern, bis Neil Armstrong die Geschichte des Universums um den Satz bereicherte: »Ein kleiner Schritt für einen Menschen, ein großer Sprung für die Menschheit.« Einstweilen aber waren die Amerikaner nur in Vietnam gelandet, und Vietnam, so würde sich herausstellen, war schwerer zu erobern als der Mond. Fast schon beschwörend klang die Bestsellerliste, die der *Spiegel* für das Jahr 1966 zusammenstellte. *Wohin treibt die Bundesrepublik?,* fragte der Philosoph Karl Jaspers und landete damit auf Platz 1 der Sachbücher, gefolgt von den Erinnerungen Konrad Adenauers, denn der war ja nun endlich Geschichte. *Lieb Vaterland magst ruhig sein* beschwichtigte Johannes Mario Simmel auf Platz sechs der Belletristik; Böll landete noch ein bisschen weiter oben mit dem *Ende einer Dienstfahrt.*

»Die lange, lange Nachkriegszeit ist zu Ende gegangen«, schrieb Richter Ende 1966 an Hildesheimer, womit er nicht Vietnam, sondern Deutschland meinte. »Wahrscheinlich auch die Zeit der Gruppe 47. Genau weiß man es nicht, aber was weiß man schon.« Und: »Man muss wohl die Dinge zu Ende führen, die man selbst begonnen hat.« Er suchte Rat bei den Gefährten der ersten Stunde, bei Walter Maria Guggenheimer und Heinz Friedrich. Sollte er weitermachen, trotz allem? Guggenheimer starb ein paar Monate später und Friedrich, seit zwanzig Jahren dabei, konnte mit der Literatur der Jungen schon lange nichts mehr anfangen. Er war aber dennoch dafür, die Gruppe im alten Geist weiterzuführen.

»Ob man das Ganze zu günstiger Zeit wiederholen solle, wisse er nicht oder noch nicht, sosehr man ihn dränge, einen Ort und den Tag künftiger Anreise zu nennen«, ließ Grass zwölf Jahre später den Barockdichter Simon Dach räsonieren, seinen Richter aus dem Jahr 1647. »Mancherlei Anfechtungen seien ihnen widerfahren. Er wolle die Ärgernisse nicht zählen. Doch gelohnt habe sich der Aufwand am Ende wohl doch. Fortan könne sich jeder weniger vereinzelt begreifen.«

Richter machte Pläne. Er besuchte den Gasthof Pulvermühle in Franken, den er schon wegen des passenden Namens fürs nächste Gruppentreffen favorisierte. Er reiste nach Prag und dachte darüber nach, was es bedeuten würde, dort zu tagen. 1968 könnte das sein. Doch er tat all das nur noch aus alter Gewohnheit, ohne innere Überzeugung und im Wissen, dass es dazu vielleicht schon nicht mehr kommen würde. »Ja, Fred«, schrieb er

Ende September 1966 an Andersch, »mich haben diese vielen Beschimpfungen getroffen, zum ersten Mal in dieser Nachkriegszeit, ich war sehr weit ›unten‹, ich, dem man wahrlich nicht nachsagen kann, dass er an Depressionen leidet, wäre in diesem Sommer fast an einer einzigen großen Depression – der politischen – zugrunde gegangen.« Da sprach er sogar von einem »Zusammenbruch«, den er hinter sich habe. Erst Höllerer mit seiner Zeitschriften-Initiative – auch Andersch hatte dort ein Gedicht zur Verteidigung Richters und der Gruppe 47 beigesteuert – habe da herausgeholfen. Zu Silvester aber schrieb er ins Tagebuch: »Das Jahr ist zu Ende, ein schlechtes, unsicheres, schwankendes Jahr.« Aber war es wirklich so schlecht? Es war eine Zwischenzeit, eine Zäsur, eine Fermate. Eine Epoche ging zu Ende, und die nächste hatte noch nicht begonnen. Was weiß man schon.

Auswahlbibliografie

Quellen

Akzente. Zeitschrift für Dichtung. Hg. von Walter Höllerer und Hans Bender. Jahrgang 1966. München 1966.

Archiv der Akademie der Künste
Hans Werner Richter Archiv.

Archiv der Universität Princeton. Tondokumente unter http:// german.princeton.edu/landmarks/gruppe-47/recordings-agreement/recordings/.

Volker Canaris (Hg.): Über Peter Weiss. Frankfurt/M. 1970.

Friedrich Christian Delius: Als die Bücher noch geholfen haben. Biografische Skizzen. Berlin 2012.

Gerd Fuchs: Heimwege. Hamburg 2010.

Günter Grass: Das Treffen in Telgte. Eine Erzählung. In: Werkausgabe, Band 9. Göttingen 1993.

Walter Höllerer (Hg.): Autoren im Haus. 20 Jahre Literarisches Colloquium Berlin. Berlin 1982.

Barbara König: Hans Werner Richter. Notizen einer Freundschaft. München / Wien 1997.

Kursbuch 6, 1966. Hg. von Hans Magnus Enzensberger. Frankfurt/M. 1966.

Reinhard Lettau (Hg.): Die Gruppe 47. Bericht, Kritik, Polemik. Ein Handbuch. Neuwied 1967.

Hans Mayer: Die umerzogene Literatur. Deutsche Schriftsteller und Bücher 1945–1967. Berlin 1988.

Hans A. Neunzig (Hg.): Lesebuch der Gruppe 47. München 1983.

Protest! Literatur um 1968. Marbacher Kataloge 51. Marbach/N. 1998.

Marcel Reich-Ranicki: Mein Leben. Stuttgart 1999.

Hans Werner Richter (Hg.): Almanach der Gruppe 47 1947–1962. In Zsarb. mit Walter Mannzen. Reinbek bei Hamburg 1962.

Hans Werner Richter (Hg.): Plädoyer für eine neue Regierung oder Keine Alternative. Reinbek bei Hamburg 1965.

Hans Werner Richter: Im Etablissement der Schmetterlinge. Einundzwanzig Portraits aus der Gruppe 47. München 1986.

Hans Werner Richter: Briefe. Hg. von Sabine Cofalla. Im Auftrag der Stiftung Preußische Seehandlung und der Textkritischen Arbeitsstelle der Freien Universität Berlin. München / Wien 1997.

Hans Werner Richter: Mittendrin. Die Tagebücher 1966–1972. München 2012.

Toni Richter: Die Gruppe 47 in Bildern und Texten. Köln 1997.

Sprache im technischen Zeitalter. Hg. von Walter Höllerer. Ausgabe 20/1966, Kunst und Elend der Schmährede. Zum Streit um die Gruppe 47.

Martin Walser: Brief an einen ganz jungen Autor. In: Ansichten, Einsichten, Werke XI, Frankfurt/M. 1997.

Peter Weiss: Notizbücher. 1960–1971 / 1971–1980. 4 Bände. Frankfurt/M. 1981/82.

Horst Ziermann (Hg.): Gruppe 47. Die Polemik um die deutsche Gegenwartsliteratur. Eine Dokumentation. Frankfurt/M. 1966.

Darstellungen

Heinz Ludwig Arnold (Hg.): Die Gruppe 47. Text + Kritik, Sonderband. München 1980.

Heinz Ludwig Arnold: Die Gruppe 47. Reinbek bei Hamburg 2004.

Helmut Böttiger: Die Gruppe 47. Als die deutsche Literatur Geschichte schrieb. München 2012.

Stephan Braese (Hg.): Bestandsaufnahme – Studien zur Gruppe 47. Berlin 1999.

Klaus Briegleb: Mißachtung und Tabu. Eine Streitschrift zur Frage »Wie antisemitisch war die Gruppe 47?«. Berlin / Wien 2003.

Sabine Cofalla: Der »soziale Sinn« Hans Werner Richters. Zur Korrespondenz des Leiters der Gruppe 47. Berlin 1997.

Hans Dollinger (Hg.): Außerdem. Deutsche Literatur minus Gruppe 47 = wieviel. Mit einem Grußwort von Hans Werner Richter. München / Berlin / Wien 1967.

Justus Fetscher / Eberhard Lämmert / Jürgen Schutte (Hg.): Die Gruppe 47 in der Geschichte der Bundesrepublik. Würzburg 1991.

Gerd-Rüdiger Helbig: Die politischen Äußerungen aus der Gruppe 47. Eine Fallstudie über das Verhältnis von politischer Macht und intellektueller Kritik. Erlangen-Nürnberg (Diss.) 1967.

Malte Herwig: Meister der Dämmerung: Peter Handke. Eine Biographie. München 2010.

Hermann Kinder: Der Mythos von der Gruppe 47. Eggingen 1991.

Friedhelm Kröll: Soziale Lage und gesellschaftliches Bewusstsein literarischer Intelligenz in der Bundesrepublik. Stuttgart 1977.

Friedhelm Kröll: Gruppe 47. Stuttgart 1979.

Jörg Magenau: Martin Walser. Eine Biographie. Reinbek bei Hamburg 2008.

Sonja Meyer: Die Gruppe 47 und der Buchmarkt der frühen Bundesrepublik. Wiesbaden 2013.

Hans A. Neunzig (Hg.): Hans Werner Richter und die Gruppe 47. Mit Beiträgen von Walter Jens u. a. München 1979.

Artur Nickel: Hans Werner Richter – Ziehvater der Gruppe 47. eine Analyse im Spiegel ausgewählter Zeitungs- und Zeitschriftenartikel. Stuttgart / Tübingen, 1994.

Stuart Parkes / John J. White (Hg.): The Gruppe 47 fifty years on a re-appraisal of its literary and political significance. Amsterdam / Atlanta 1999.

Jürgen Schutte (Hg.): Dichter und Richter. Die Gruppe 47 und die deutsche Nachkriegsliteratur. Ausstellung der Akademie der Künste, 28. Oktober bis 7. Dezember 1988. Berlin 1988.

Horst Ziermann (Hg.): Gruppe 47. Die Polemik um die deutsche Gegenwartsliteratur. Eine Dokumentation. Frankfurt/M. 1966.

Text- und Bildnachweise

Die Wiedergabe der Gedichte von Günter Grass auf den Seiten
5, 35f., 106 und 109 erfolgt mit freundlicher Genehmigung
des Steidl-Verlags, Göttingen.

Das Gedicht »Gilitrutt« von Helga M. Novak (Seite 103) ent-
stammt dem Band: Solange noch Liebesbriefe eintreffen.
Gesammelte Gedichte. Hg. von Rita Jorek, mit einem Nach-
wort von Eva Demski. Frankfurt/M.: Schöffling & Co. Ver-
lagsbuchhandlung GmbH, 1997, 1999, 2005–2008, S. 196. Die
Wiedergabe erfolgt mit freundlicher Genehmigung des Ver-
lags Schöffling & Co.

Fotografien auf den Seiten 12, 34, 52, 61, 79, 83, 100, 105, 127,
132, 150, 161, 170, 193 und 205 von Toni Richter, Akademie
der Künste Berlin, Hans-Werner-Richter-Archiv, Nr. 896/15,
898/15, 898/24, 898/27, 898/28, 900/26, 903/6-9 (Collage),
904/11a, 906/4, 906/14, 907/86, 907/69, 908/33, 977/12, 977/32,
© Hans Werner Richter-Stiftung, www.richter-stiftung.de.

Fotografie auf Seite 24 © Renate von Mangoldt.

Personenregister

Abusch, Alexander 209
Adenauer, Konrad 136, 207, 211
Adorno, Theodor W. 46, 66, 72
Aichinger, Ilse 40, 136
Andersch, Alfred 14, 28, 213
Arendt, Hannah 63, 85
Armstrong, Neil 211
Artmann, Hans Carl 141
Auerbach, Erich 63
Augustin, Ernst 100 ff., 172
Bächler, Wolfgang 10, 136
Bachmann, Ingeborg 40, 67 f., 136, 192
Baez, Joan 56
Bakey, Michael de 54
Baudelaire, Charles 63
Baumgart, Reinhard 84, 125, 142, 168, 179
Bayer, Konrad 141
Becker, Jürgen 104, 121, 131, 195
Bellow, Saul 166
Bentley, Eric 197
Bernhard, Thomas 133
Bichsel, Peter 71, 119 ff.
Bieler, Manfred 29
Biermann, Wolf 29 ff.
Bobrowski, Johannes 29, 156

Boehlich, Walter 197
Boger, Wilhelm 85, 87, 95
Böll, Heinrich 17, 21 f., 30, 110 ff., 117, 136, 162, 164, 207, 211
Born, Nicolas 113
Brandt, Willy 22, 45, 109 f., 154, 160
Brecht, Bertolt 43, 197
Brenner, Hans Georg 12
Breschnew, Leonid 210
Brinkmann, Rolf Dieter 21
Broch, Hermann 63
Buch, Hans Christoph 57, 113, 134, 191 f.
Camus, Albert 141
Capesius, Victor 85
Castro, Fidel 63
Celan, Paul 67, 88, 151
Cervantes Saavedra, Miguel de 64
Chotjewitz, Peter O. 138, 150, 167 f.
Dach, Simon 212
Dante Alighieri 86, 91
Delius, Friedrich Christian 57, 76, 113, 138 f., 175
Deutscher, Drafi 211
Diamant, Dora 103
Disney, Walt 62

Dufhues, Josef Hermann 114
Dylan, Bob 56, 211
Eich, Günter 37 f., 40, 141
Eichholz, Marianne 113
Eichmann, Adolf 84
Einstein, Albert 58 f.
Eisenman, Peter 63
Elsner, Gisela 136
Ensslin, Gudrun 113
Enzensberger, Hans Magnus
    14, 42, 53, 83, 90, 104, 129,
    131, 133, 136, 145 ff., 155, 173,
    179, 195, 198 f., 203, 207
Erhard, Ludwig 22, 114, 209
Ernst, Max 56
Faulkner, William 33, 189
Ferber, Christian 125, 169
Fichte, Hubert 94 f., 113
Fiedler, Leslie 196 f.
Flaubert, Gustave 63, 191
Fried, Erich 15, 42 ff., 71, 104,
    119, 125 f., 129 ff., 143, 146,
    151, 163 f., 168, 173, 203
Friedrich, Heinz 212
Fries, Fritz Rudolf 29
Frisch, Max 43
Fuchs, Gerd 73 f., 82 ff.
Fühmann, Franz 29
George, Stefan 11
Ginsberg, Allen 56, 63, 108
Gödel, Kurt 58 ff., 68, 77
Goebbels, Joseph 67
Grass, Anna 31, 74
Grass, Günter 14, 17, 23, 31 f.,
    34 f., 37, 41 f., 46 f., 55, 61, 63,

67, 80, 95 ff., 101 f., 104 f.,
    108 ff., 112, 116 f., 121, 125,
    129, 131, 136, 142, 153 ff., 157,
    159 ff., 172, 179, 187 ff., 196,
    201, 203 f., 207, 210, 212
Guggenheimer, Walter Maria
    212
Gysi, Klaus 31
Hamm-Brücher, Hildegard
    118
Handke, Peter 14, 32, 57, 80 f.,
    108, 113, 128 ff., 138 ff., 147,
    168, 173 ff., 197, 208
Härtling, Peter 113
Haufs, Rolf 113, 174
Hegel, Georg Wilhelm Fried-
    rich 30
Heißenbüttel, Helmut 78, 165
Hemingway, Ernest 33
Henze, Hans Werner 41
Herberger, Sepp 10
Herburger, Günter 21, 107, 113
Hermlin, Stephan 29 f.
Herwig, Malte 180
Hey, Richard 174
Heym, Georg 101
Hildesheimer, Wolfgang 68 f.,
    83, 132, 152, 212
Hindenburg, Paul von 15
Hitler, Adolf 15, 50, 131
Höcker, Karl-Friedrich 85
Höllerer, Walter 15, 24, 35, 42,
    46, 51, 57, 72, 94, 107, 125 ff.,
    140 ff., 145, 155, 179, 189, 191,
    204, 208, 213

Huchel, Peter 29
Jaspers, Carl 211
Jens, Inge 81, 170
Jens, Walter 7 f., 12 f., 15 f.,
    27 f., 38, 41 ff., 45, 57, 61,
    67 f., 81 ff., 104, 122, 125, 141,
    145, 169, 173, 179
Johnson, Lyndon B. 20 f., 23,
    54, 56
Johnson, Uwe 17, 55, 93, 133,
    136, 179, 195, 199, 207
Jovanovich, William 197
Jürgens, Udo 211
Kaduk, Oswald 85
Kafka, Franz 32, 82 f., 101 ff.
Kaiser, Joachim 15, 42, 51, 52,
    66, 88, 123, 129, 142, 145,
    171 f., 191, 195, 198, 202
Kant, Hermann 30
Kantorowicz, Ernst H. 63
Karasek, Hellmuth 43, 51, 83,
    107, 171
Kaschnitz, Marie Luise 96,
    98
Kesten, Hermann 65 f.
Kiesinger, Kurt Georg 22, 122
King, Martin Luther 54
Kluge, Alexander 118, 136
Koeppen, Wolfgang 25 f., 93,
    204
König, Barbara 31
König, Hartmut 50
Krüger, Hanspeter 113
Krüger, Horst 92 f.
Kunert, Günter 29

Kurbjuhn, Martin 113
Kỳ, Nguyen Cao 50 f., 146
Lange, Victor 71 ff., 76, 116,
    170, 192 f., 195, 202, 206
Ledig-Rowohlt, Heinrich-
    Maria 50, 206
Lenz, Siegfried 17, 57, 74, 78,
    80, 131
Lessing, Gotthold Ephraim
    140
Lettau, Reinhard 33 f., 83,
    111 f., 117, 125, 136, 143 ff.,
    151 ff., 162, 172, 193, 198
Lewis, Sinclair 33
Lietzmann, Sabina 203
Lind, Jakov 131 f., 180
Lübke, Heinrich 22
Lukács, Georg 140
Luxemburg, Rosa 9, 42
Mailer, Norman 56
Mampell, Klaus 70, 75
Mangoldt, Renate von 35
Mann, Thomas 64, 69 f., 182,
    206
Mannzen, Walter 28
Mao Zedong 210 f.
Marat, Jean Paul 23
Markopoulos, Gregory 63
Marx, Karl 30, 63
Mayer, Hans 11, 15, 24, 28, 42,
    71, 104, 107, 123, 131, 152, 166,
    170 ff., 179, 181 ff., 185, 195
Mehring, Walter 66 f.
Meier, Wolfgang 174
Meredith, William 166

Mickel, Karl 29
Mulka, Robert 85
Neumann, Robert 203 f.,
    206 ff.
Nossack, Hans Erich 204,
    208 f.
Novak, Helga M. 102 ff.
Ohnesorg, Benno 210
Palmstierna(-Weiss), Gunilla
    17
Panofsky, Erwin 63
Pascal, Blaise 63
Peymann, Claus 175
Piwitt, Hermann Peter 113,
    138, 142, 174, 182
Promies, Wolfgang 124
Raddatz, Fritz J. 19, 28, 54 f.,
    65, 94
Reich-Ranicki, Marcel 15, 24,
    28, 42, 51, 71, 77 ff., 84, 92 ff.,
    104 f., 107, 122 f., 125 f., 142,
    145, 151 f., 169, 171, 192,
    200 f., 203
Richter, Hans Werner 7, 9 ff.,
    13 ff., 19, 21 ff., 25, 27 ff., 33 ff.,
    39 ff., 43, 45, 47, 49 f., 53, 61,
    63 ff., 70 ff., 80 f., 98 f., 105,
    109 ff., 114 ff., 120, 122 ff.,
    126, 128, 130 f., 133 ff., 139,
    143, 146 f., 151 ff., 155 ff., 159,
    163 ff., 167 ff., 172, 174 f.,
    177 ff., 182 f., 189 ff., 194, 198,
    201 f., 204 ff., 212 f.
Richter, Toni 33, 35, 188, 201
Rodriguez-Soltero, José 56

Roehler, Klaus 113, 167
Röhl, Klaus Rainer 209
Roth, Philip 166
Rühm, Gerhard 141
Rühmkorf, Peter 43, 131, 136
Sade, Donatien Alphonse
    François de 23
Sartre, Jean-Paul 16
Schirach, Baldur von 211
Schlegel, August Wilhelm
    50
Schneider-Lengyel, Ilse 136
Schneider, Peter 113
Schneider, Rolf 21, 29
Schnurre, Wolfdietrich 136
Schön, Helmut 11
Schreiber, Mathias 124
Schwab-Felisch, Hans 134
Schwarz, Anna *siehe* Grass,
    Anna
Seeger, Pete 50
Shakespeare, William 50
Simmel, Johannes Mario
    211
Sontag, Susan 56, 152, 198
Speer, Albert 211
Springer, Axel 74
Stalin, Josef 161
Stein, Gertrude 33
Steiner, Jörg 174
Stiller, Klaus 57, 132, 138 f.,
    174
Stone, Shepard 72
Tieck, Dorothea 50
Tieck, Ludwig 50

Unseld, Siegfried 14, 25 f., 71,
    73, 133, 137, 156, 194
Vesper, Bernward 113
Voltaire 64
Wagenbach, Klaus 32, 51, 113,
    161
Walser, Martin 16 f., 21 f., 39 f.,
    47, 89 ff., 110, 112, 114, 117,
    126, 131, 133, 136, 155, 179,
    207
Warhol, Andy 56
Weder, Heinz 174

Weiss, Peter 13 f., 17, 20 f.,
    23 f., 32, 42 f., 48 ff., 74, 78,
    84 ff., 91 f., 116 f., 119, 123,
    129, 133, 136, 143, 147 ff.,
    151 ff., 169, 171 f., 186 f., 195 f.,
    198, 207
Wilson, Woodrow 23
Wohmann, Gabriele 169 ff.,
    183
Wolf, Christa 30 f.
Wolfe, Tom 63, 109
Wolff, Helen 32, 55